ATLAS MONDIAL
BEAUCHEMIN

4ᵉ édition

RÉVISEURS

James R. Crewe, conseiller en programmes d'études
Commission scolaire Avalon East
St. John's, Terre-Neuve-et-Labrador

Guy Dorval, chargé de cours
Université Laval, département de géographie
Québec, Québec

Lew French, superviseur de programme
Conseil scolaire du district de Thames Valley
London, Ontario

Kathryn Galvin, directrice
Conseil scolaire de Calgary
Calgary, Alberta

Robena Maclaren, enseignante
École élémentaire Bradshaw
Langley, Colombie-Britannique

Beauchemin

CHENELIÈRE ÉDUCATION

Atlas mondial BEAUCHEMIN, 4e édition
Version française de :
Nelson World Atlas, Fourth Edition
Original English Edition published by ITP ® Nelson Learning™
© 1998 Nelson, A division of Thomson Learning Limited

Based on Philip's Foundation Atlas
© 1998 George Philip Limited
All rights reserved

© 2002 Groupe Beauchemin, éditeur ltée
7001, boul. Saint-Laurent
Montréal (Québec) H2S 3E3
Téléphone :   (514) 273-1066
                      1 800 565-5531
Télécopieur : (514) 276-0324
info@cheneliere.ca

Le photocopillage entraîne une baisse des
achats de livres, à tel point que la possibilité
pour les auteurs de créer des œuvres
nouvelles et de les faire éditer par des
professionnels est menacée.

Nous reconnaissons l'aide financière du gouvernement du
Canada par l'entremise du Programme d'aide au
développement de l'industrie de l'édition (PADIÉ) pour
nos activités d'édition.

ISBN 2-7616-1331-7

Dépôt légal : 3e trimestre 2002
Bibliothèque nationale du Québec
Bibliothèque nationale du Canada

Imprimé au Canada
3 4 5 6 7 F 10 09 08 07 06

L'Éditeur a fait tout ce qui était en son pouvoir pour retrouver les copyrights.
Toute erreur ou omission peut lui être signalée par avis écrit.

Équipe de l'ouvrage français
Édition : Pierre Fournier
Chargé de projet : Claude Roussin
Production : Michel Perron
Traduction : Marjolaine Solari
Révision scientifique : Guy Dorval, Université Laval,
                        département de géographie
Mise à jour des statistiques : Geneviève Guimond
Recherche photographique : Claudine Bourgès
Révision linguistique : Marie Pedneault
Mise en pages : Carto-Média
Conception graphique et réalisation de la couverture : Mardigrafe

Équipe de l'ouvrage anglais
Angela Cluer, Mark Cobham, Susan Cox, Deborah Crowle, Vicki
Gould, Renate McCloy, Allan Moon, Theresa Thomas

CRÉDITS PHOTOGRAPHIQUES
Photos satellite – Page 48 : Californie, États-Unis (Publiphoto/SPL) ; Les Alpes, Europe (WorldSat) ; Le delta du Nil,
Égypte (WorldSat) ; Bangkok, Thaïlande (WorldSat). **Page 49 :** Irrigation en Arabie Saoudite (Publiphoto/SPL) ; Les
Grands Lacs, Canada (Publiphoto/SPL) ; Londres, Royaume-Uni (Publiphoto/SPL). **Page de couverture :** *Blue Marble*
(NASA).

Autres photos – Page 54 : Hautes montagnes – Chaîne Bonney en Colombie Britanique (© Geographical visual aids) ;
Collines – Bourgogne, France (© Jacques Bourgès). **Page 55 :** Plateau – Grand Canyon, Arizona, États-Unis
(© Geographical visual aids) ; Plaines – Australie-Méridionale (Getty Images/Image bank) ; Péninsule antarctique
(Alpha Presse/Denis Brindard/Global Photo). **Page 60 :** Vue aérienne de l'ouragan Andrew, août 1992 (WorldSat).
Page 61 : Tremblement de Los Angeles aux États-Unis en 1994 (Mégapress/Réflexion/International Stock).

STATISTIQUES
Pages 12 et 13 : CIA World Factbook. **Pages 17, 29, 31, 33, 35 et 43 :** État du Monde 2002, CIA World Factbook, Statistiques
Canada, Th. Brinkhoff. **Pages 62 et 63 :** United Nations, Population Division, 2002, US Census Bureau. **Pages 72 et 73 :**
United Nations, Population Division, 2002. **Pages 78 et 79 :** World Bank development indicators database, 2002. **Page 80 :**
Images économiques du Monde, SEDES 2002 (France). **Pages 81 et 84 :** Statistiques FAO, État du Monde 2002, Atlas élec-
tronique Encarta. **Pages 86 :** United Nations, Population Division, 2002. **Page 87 :** World Health Organization Statistical
Information System, État du Monde 2002. **Page 88 :** Nations Unies.

Table des matières

Que retrouve-t-on sur une carte géographique ?

Les cartes suivantes comportent des éléments de base que nous retrouvons sur les cartes des atlas, tels que des lignes et des couleurs, des symboles et des noms, et nous en donnent la signification.

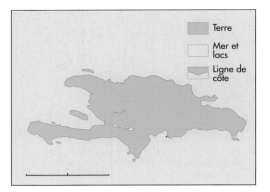

1. Terre et mer
Sur une carte, une île est représentée comme ci-dessus. La terre est colorée en vert et la mer est bleue. La ligne de côte est représentée par une ligne bleu foncé.

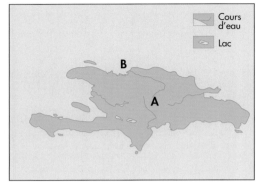

2. Cours d'eau et lacs
L'île comprend des lacs et des cours d'eau qui se jettent dans la mer. Le cours d'eau prend sa source en A et se jette dans la mer en B.

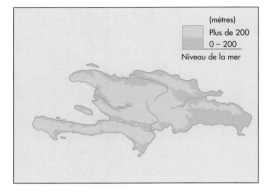

3. Altitude – 1
Cette carte montre les terres situées à plus de 200 mètres d'altitude par une couleur plus claire. L'altitude est représentée par des lignes de contour (voir illustration suivante) et des nuances ou gradations de couleurs (teintes hypsométriques).

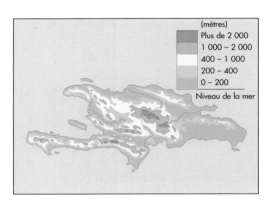

4. Altitude – 2
Cette carte montre davantage de lignes de contour et de teintes hypsométriques. On peut voir que le terrain le plus élevé est au centre de l'île, à une altitude de plus de 2 000 mètres.

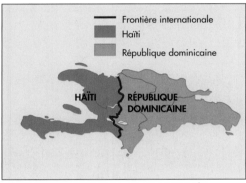

5. Pays
Cette carte fournit de l'information sur l'île de façon différente. On peut voir que l'île est divisée en deux pays séparés par une frontière.

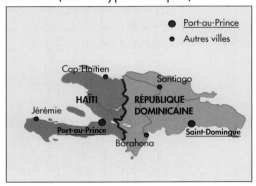

6. Villes et capitales
Il y a de grandes et de petites villes sur cette île. Les deux capitales sont soulignées. D'autres villes importantes sont aussi représentées.

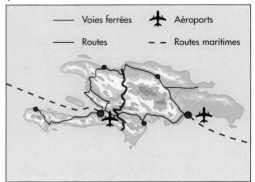

7. Information sur le transport
La carte indique les routes, les voies ferrées, les aéroports et les routes maritimes les plus importants. Les voies de transport relient les villes et les villages.

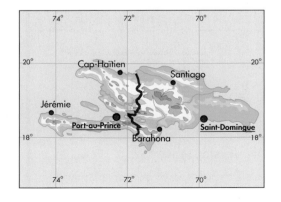

8. Où cette île est-elle située ?
Cette carte inclut les lignes de latitude (parallèles) et les lignes de longitude (méridiens), ce qui nous permet de savoir où se trouve l'île dans le monde.

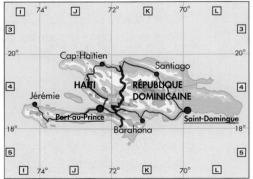

9. Repères alphanumériques
Cette carte comprend des repères alphanumériques utilisés dans l'index des cartes. Ces repères permettent de localiser un endroit sur une carte. Le repère alphanumérique pour Santiago est K4.

L'échelle d'une carte

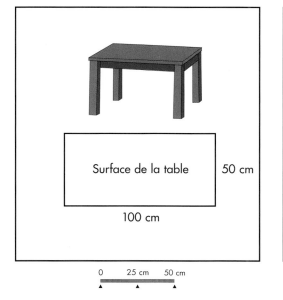

0   25 cm   50 cm

Ce dessin au trait (ou linéaire) représente une table vue de dessus. Il mesure 4 cm sur 2 cm. La surface réelle de la table représentée mesure 100 cm sur 50 cm. L'échelle utilisée pour le dessin est de 1:25, c'est-à-dire que 1 cm sur le dessin au trait correspond à 25 cm de la longueur de la table.

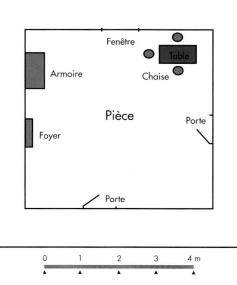

0   1   2   3   4 m

Voici le plan d'une pièce vue d'en haut. Selon l'échelle, 1 cm sur la carte est égal à une longueur de 1 mètre pour la pièce. La table de la figure précédente est représentée à plus petite échelle. Sers-toi de l'échelle graphique pour trouver les dimensions de la pièce.

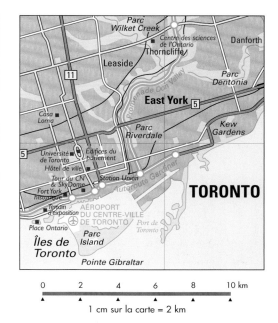

0   2   4   6   8   10 km

1 cm sur la carte = 2 km

Une partie de la ville de Toronto est illustrée sur cette carte. Cette carte est présentée à très grande échelle : on peut y voir des détails assez précis.

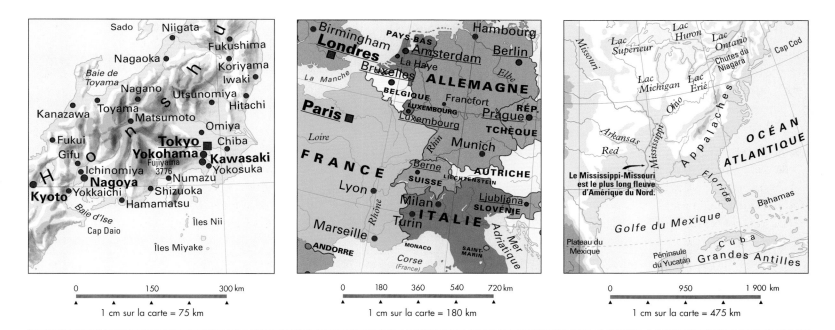

0   150   300 km

1 cm sur la carte = 75 km

0   180   360   540   720 km

1 cm sur la carte = 180 km

0   950   1 900 km

1 cm sur la carte = 475 km

L'échelle – Dans cet atlas, l'échelle des cartes peut être présentée de trois façons différentes :

1. L'échelle-énoncé – indique combien de kilomètres sur Terre sont représentés par un centimètre sur la carte.

2. L'échelle numérique – indique que une unité sur la carte correspond à 2 000 000 de fois la même unité sur Terre.

3. L'échelle graphique – est représentée par une ligne horizontale sous laquelle se trouve une section de règle graduée.

0   20 km   40 km   60 km   80 km   100 km

1   2   3   4   5
cm

1 cm sur la carte = 20 km

1: 2 000 000

Orientation

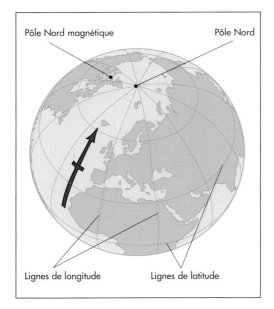

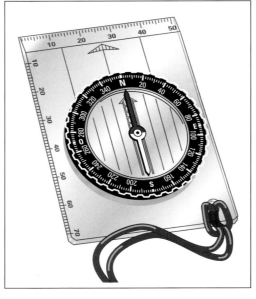

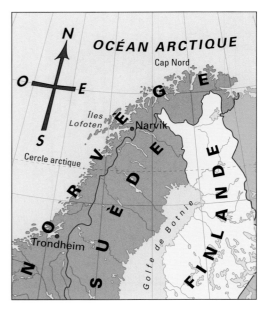

Il existe un endroit sur Terre, situé près du pôle Nord, qui se nomme le pôle Nord magnétique. Le pôle Nord magnétique n'est pas un point fixe, car il se déplace légèrement chaque année.

L'aiguille d'une boussole est aimantée et pointe toujours vers le Nord magnétique. Si tu sais où tu te trouves et désires te déplacer vers un autre lieu, tu peux mesurer la distance avec une carte et te servir d'une boussole. Remarque la direction pointée par l'aiguille de la boussole ci-dessus.

La flèche sur cette carte indique où se trouve le Nord. La flèche est dans le même sens que les méridiens. Sur les cartes de cet atlas, le Nord est toujours situé au haut de la carte.

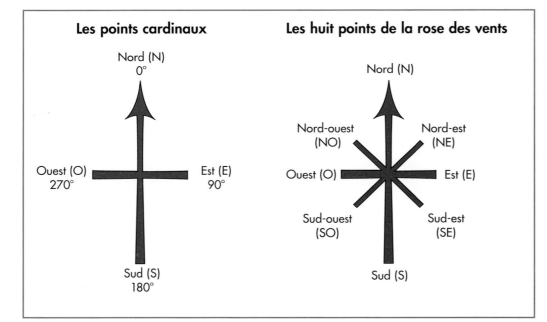

La direction se mesure en degrés par relèvement au compas. Le diagramme de gauche montre les degrés correspondant à chaque point cardinal.
La direction est mesurée dans le sens des aiguilles d'une montre à partir du Nord. Le diagramme de droite illustre tous les points du compas ainsi que les divisions entre les points cardinaux, que l'on appelle points collatéraux. Par exemple, entre le nord et l'est se trouve le nord-est, entre le sud et l'ouest le sud-ouest. Tu peux vérifier la position des points cardinaux à partir de chez toi en observant le Soleil se lever à l'est et se coucher à l'ouest.

Voici une portion de la carte de la page 35. Le Nord est situé en haut de la carte. Regarde les points collatéraux du diagramme de gauche et l'emplacement des lieux sur la carte. Barcelone est située au nord-est de Valence et Marseille au nord-est de Barcelone. Quelle direction prendrais-tu pour te rendre de Marseille à Lyon?

Latitude et longitude

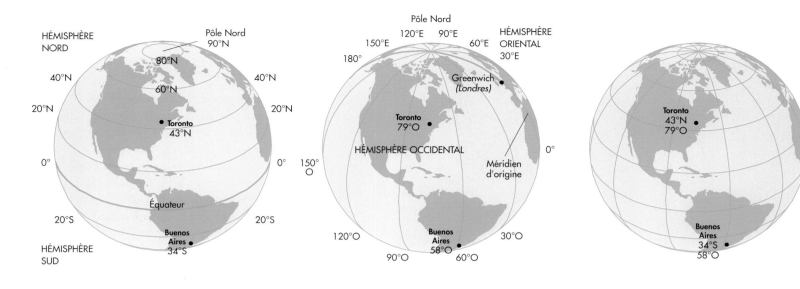

Latitude

Cette carte te montre à quoi ressemblerait la Terre si tu te trouvais à des milliers de kilomètres au-dessus de Toronto. L'équateur est une ligne de latitude située à mi-chemin entre le pôle Nord et le pôle Sud; il divise la Terre en deux hémisphères. Sur les cartes, l'équateur a la valeur 0°. Toutes les lignes de latitude sont parallèles à l'équateur et se trouvent au nord ou au sud de celui-ci.

Longitude

Les cartes présentent une autre série de lignes qui vont du Nord au Sud et relient les deux pôles : les lignes de longitude. La première a la valeur 0°, passe par Greenwich, en Angleterre, et se nomme méridien d'origine. Les lignes de longitude, à l'est et à l'ouest du méridien d'origine, ont aussi une valeur numérique. La ligne de longitude 180° traverse l'océan Pacifique et se nomme « ligne de changement de date ».

Localisation

Les lignes de latitude et de longitude forment un système de quadrillage sur les cartes. Dans cet atlas, les lignes du quadrillage sont bleues et représentent 10° sur la plupart des cartes. L'index des cartes de cet atlas se sert de repères alphanumériques pour préciser l'emplacement des lieux : les rangées de carreaux du quadrillage sont identifiées par des chiffres et les colonnes, par des lettres.

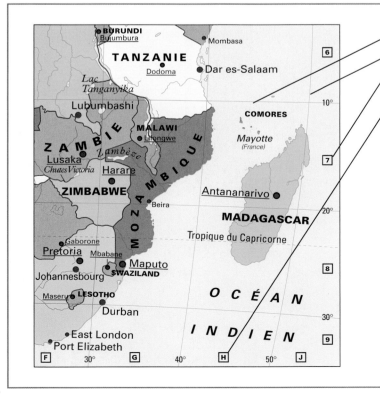

Ligne de latitude avec sa valeur numérique en degrés (nord ou sud)

Ligne de longitude avec sa valeur numérique en degrés (est ou ouest)

Chiffre utilisé dans l'index des cartes pour désigner une rangée de carreaux.

Lettre utilisée dans l'index des cartes pour désigner une colonne de carreaux.

Le tableau suivant indique la plus grande agglomération de chaque continent avec sa latitude et sa longitude.
Fais une recherche pour les retrouver sur les cartes de cet atlas.

	Latitude	Longitude	Page	Localisation par repère alphanumérique
Le Caire	30°N	31°E	**33**	F2
Moscou	56°N	38°E	**35**	Q4
New York	40°N	74°O	**23**	M2
São Paulo	24°S	48°O	**29**	F6
Shanghai	31°N	121°E	**45**	L3
Sydney	34°S	151°E	**31**	F11

La Terre, une planète

Taille relative des planètes

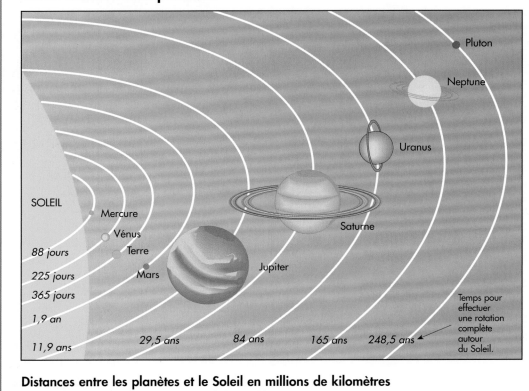

Pluton

Neptune

Uranus

Saturne

SOLEIL

Mercure

Vénus

Terre

88 jours

225 jours

365 jours

1,9 an

Mars

Jupiter

11,9 ans

29,5 ans

84 ans

165 ans

248,5 ans

Temps pour effectuer une rotation complète autour du Soleil.

Le système solaire

La Terre est l'une des neuf planètes qui tournent autour du Soleil. Les deux schémas montrent la taille proportionnelle des planètes, la distance qui les sépare du Soleil et le temps qu'elles prennent pour effectuer une rotation complète autour du Soleil. Le schéma de gauche montre que ce sont les planètes les plus rapprochées du Soleil qui prennent le moins de temps pour effectuer leur rotation. La Terre parcourt son orbite autour du Soleil en 365 jours (une année). La Terre est la cinquième plus grosse planète du système solaire. Elle est beaucoup plus petite que Jupiter et Saturne, les plus grosses planètes.

Distances entre les planètes et le Soleil en millions de kilomètres

Mercure 58

Mars 228

Vénus 108

Terre 150

Astéroïdes

Jupiter 778

Saturne 1 430

Uranus 2 870

Neptune 4 500

Pluton 5 900

La planète Terre

La Terre tourne sur un axe imaginaire. Cet axe passe par le centre de gravité de la Terre pour sortir aux deux extrémités : le pôle Nord et le pôle Sud. La distance entre les deux pôles, en passant par le centre de la Terre, est de 12 700 kilomètres.

Équateur · Axe · Pôle Nord

Pôle Sud

Direction de la rotation de la Terre sur son axe

La Terre prend 24 heures pour faire un tour complet sur elle-même. Il fait jour sur la partie de la Terre qui se trouve face au Soleil et nuit sur l'autre partie (voir les schémas ci-dessous). L'équateur est une ligne située à mi-chemin entre les pôles, mesure 40 000 kilomètres de longueur et fait le tour de la Terre.

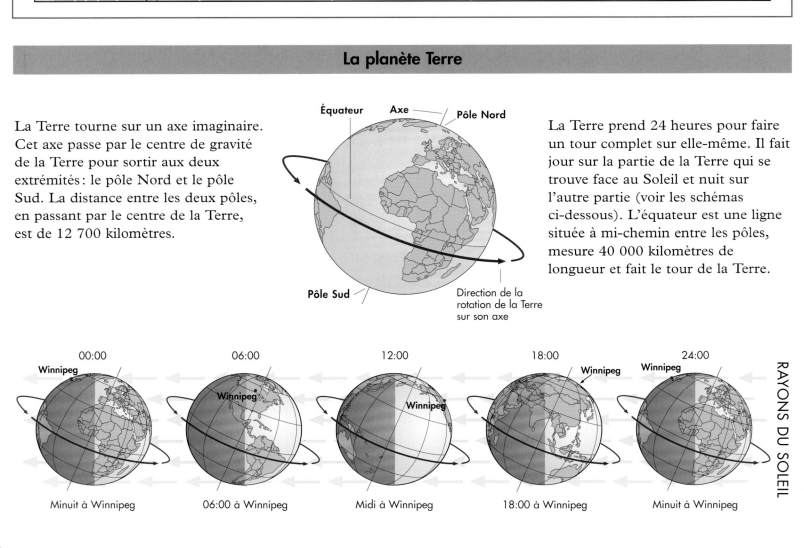

00:00 — Winnipeg — Minuit à Winnipeg

06:00 — Winnipeg — 06:00 à Winnipeg

12:00 — Winnipeg — Midi à Winnipeg

18:00 — Winnipeg — 18:00 à Winnipeg

24:00 — Winnipeg — Minuit à Winnipeg

RAYONS DU SOLEIL

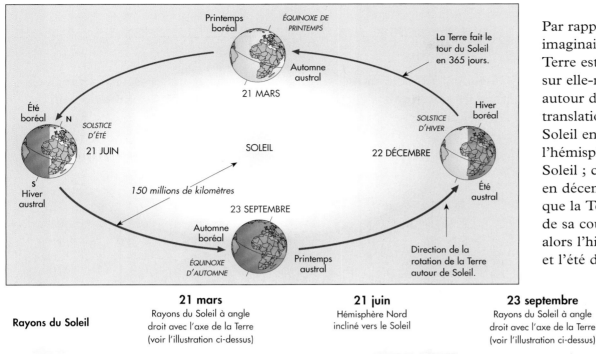

Par rapport à une verticale imaginaire, l'inclinaison de l'axe de la Terre est de 23°27' lorsqu'elle tourne sur elle-même, tout en gravitant autour du Soleil. Le mouvement de translation de la Terre autour du Soleil engendre les saisons. En juin, l'hémisphère Nord est incliné vers le Soleil ; c'est l'été. Six mois plus tard, en décembre, c'est l'inverse, alors que la Terre se trouve à mi-chemin de sa course autour du Soleil. C'est alors l'hiver dans l'hémisphère Nord et l'été dans l'hémisphère Sud.

Rayons du Soleil

21 mars
Rayons du Soleil à angle droit avec l'axe de la Terre (voir l'illustration ci-dessus)

21 juin
Hémisphère Nord incliné vers le Soleil

Hémisphère Sud éloigné du Soleil

23 septembre
Rayons du Soleil à angle droit avec l'axe de la Terre (voir l'illustration ci-dessus)

22 décembre
Hémisphère Nord éloigné du Soleil

Hémisphère Sud incliné vers le Soleil

Saisons	Printemps boréal Automne austral			Été boréal Hiver austral			Automne boréal Printemps austral			Hiver boréal Été austral		
Ville	Halifax	Nairobi	Le Cap	Halifax	Nairobi	Le Cap	Halifax	Nairobi	Le Cap	Halifax	Nairobi	Le Cap
Latitude	44°N	1°S	34°S	44°N	1°S	34°S	44°N	1°S	34°S	44°N	1°S	34°S
Durée du jour	12 hrs	12 hrs	12 hrs	15 hrs	12 hrs	10 hrs	12 hrs	12 hrs	12 hrs	9 hrs	12 hrs	14 hrs
Durée de la nuit	12 hrs	12 hrs	12 hrs	9 hrs	12 hrs	14 hrs	12 hrs	12 hrs	12 hrs	15 hrs	12 hrs	10 hrs
Température	9 °C	21 °C	21 °C	17 °C	18 °C	13 °C	11 °C	19 °C	14 °C	−4°C	19°C	20°C

À Halifax, au printemps et en automne, il fait jour pendant 12 heures et nuit pendant 12 heures. En hiver, les jours ne comptent plus que 9 heures, alors qu'ils atteignent jusqu'à 15 heures en été.

La Lune

La taille de la Lune est d'environ le quart de celle de la Terre. Elle effectue une rotation complète autour de la Terre en un peu plus de 27 jours (presque un mois). La Lune est ronde mais, de la Terre, nous ne voyons que les parties éclairées par le Soleil. Il nous semble donc que la Lune change de forme à différentes périodes du mois. On appelle « phases de la Lune » les variations de son aspect extérieur ; celles-ci sont représentées dans le schéma ci-contre.

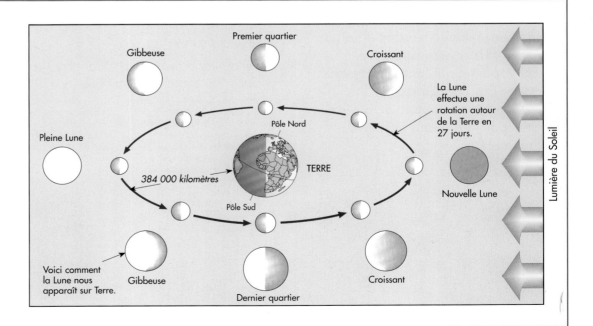

Les divers repères sur une carte

Les symboles

Les symboles indiquent une réalité géographique – par exemple, les régions où l'exploitation forestière est importante.

▼

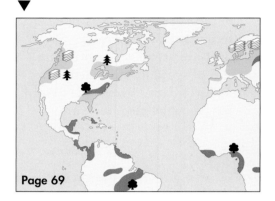

Page 69

Sur certaines cartes, un point indique «un grand nombre de» – les points rouges sur la carte ci-dessous, par exemple, représentent deux millions de tonnes de blé alors que les points noirs symbolisent deux millions de tonnes de riz.

▼

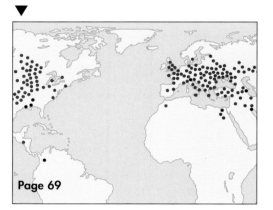

Page 69

La taille du symbole peut augmenter ou diminuer selon le nombre d'unités représenté. Les carrés ci-dessous servent à indiquer les grandes régions d'élevage. Les carrés sont proportionnels au nombre de bovins, d'ovins et de porcs pour chacun des pays représentés.

▼

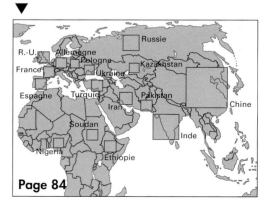

Page 84

Les couleurs

1. Les couleurs sont utilisées sur certaines cartes pour délimiter des régions, par exemple. Les couleurs servent à repérer facilement les pays sur la carte ci-dessous.

▼

Page 35

3. Des particularités s'étendent souvent sur plusieurs pays. Cette carte illustre différents types de végétation dans le monde.

▼

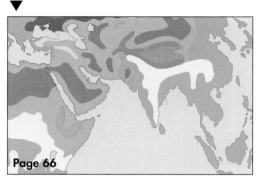

Page 66

2. Sur d'autres cartes, des régions présentant des similitudes sont illustrées par une même couleur. Cette carte montre les précipitations dans différentes parties du monde.

▼

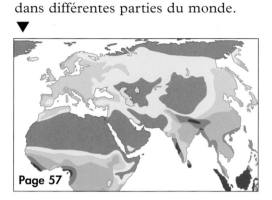

Page 57

4. Des nuances de couleur permettent d'illustrer une réalité dans ses variations de quantité ou de qualité. La carte suivante indique les régions où un pourcentage important de la population active vit de l'agriculture.

▼

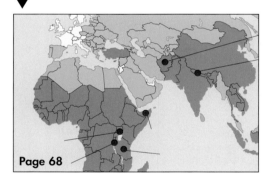

Page 68

Les diagrammes et les graphiques

Les diagrammes et les graphiques fournissent de l'information sur des sujets particuliers.

Un graphique montre la façon dont une réalité peut changer durant une période de temps déterminée.

Ce graphique indique les précipitations et les températures pour chaque mois de l'année. Celles-ci peuvent être mesurées à l'aide des échelles situées de chaque côté du graphique.

Ce diagramme se nomme «diagramme à secteurs» ou encore «diagramme circulaire» et montre comment un tout peut être divisé en ses parties.

Le diagramme ci-dessous est un diagramme à bandes. Il permet lui aussi de montrer comment un tout peut être divisé en ses parties.

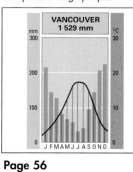

Page 56

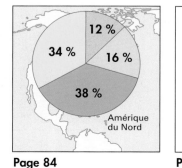

Page 84

Page 85

SYMBOLES SUR UNE CARTE POLITIQUE ET PHYSIQUE

La carte ci-dessous représente une partie de la carte des États-Unis des pages 22 et 23. Elle sert ici à expliquer la signification des lignes, des couleurs et des signes.

LES LÉGENDES

Ces légendes apparaissent sur chaque carte pour montrer l'altitude des terres au-dessus du niveau de la mer et pour expliquer certaines caractéristiques.

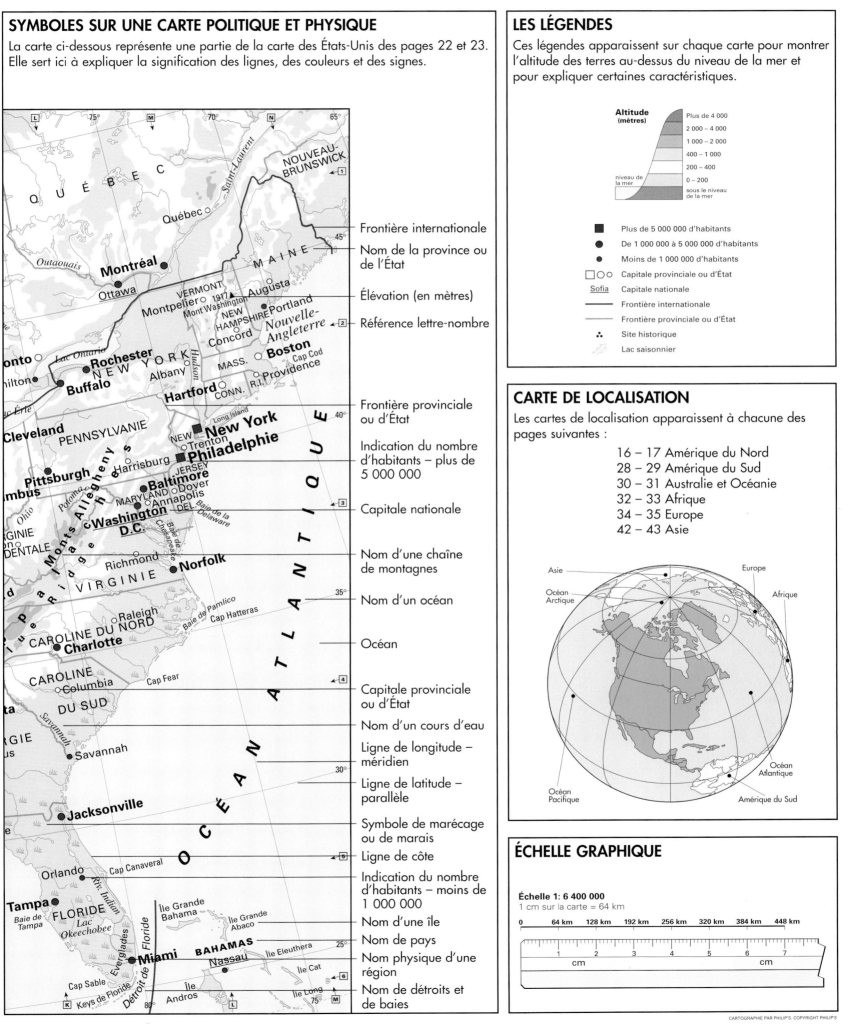

Frontière internationale

Nom de la province ou de l'État

Élévation (en mètres)

Référence lettre-nombre

Frontière provinciale ou d'État

Indication du nombre d'habitants – plus de 5 000 000

Capitale nationale

Nom d'une chaîne de montagnes

Nom d'un océan

Océan

Capitale provinciale ou d'État

Nom d'un cours d'eau

Ligne de longitude – méridien

Ligne de latitude – parallèle

Symbole de marécage ou de marais

Ligne de côte

Indication du nombre d'habitants – moins de 1 000 000

Nom d'une île

Nom de pays

Nom physique d'une région

Nom de détroits et de baies

Altitude (mètres)

Plus de 4 000
2 000 – 4 000
1 000 – 2 000
400 – 1 000
200 – 400
0 – 200
niveau de la mer
sous le niveau de la mer

Plus de 5 000 000 d'habitants

De 1 000 000 à 5 000 000 d'habitants

Moins de 1 000 000 d'habitants

Capitale provinciale ou d'État

Sofia   Capitale nationale

Frontière internationale

Frontière provinciale ou d'État

Site historique

Lac saisonnier

CARTE DE LOCALISATION

Les cartes de localisation apparaissent à chacune des pages suivantes :

16 – 17 Amérique du Nord
28 – 29 Amérique du Sud
30 – 31 Australie et Océanie
32 – 33 Afrique
34 – 35 Europe
42 – 43 Asie

Asie

Europe

Océan Arctique

Afrique

Océan Pacifique

Océan Atlantique

Amérique du Sud

ÉCHELLE GRAPHIQUE

Échelle 1: 6 400 000
1 cm sur la carte = 64 km

0   64 km   128 km   192 km   256 km   320 km   384 km   448 km

cm

cm

Monde – Physique

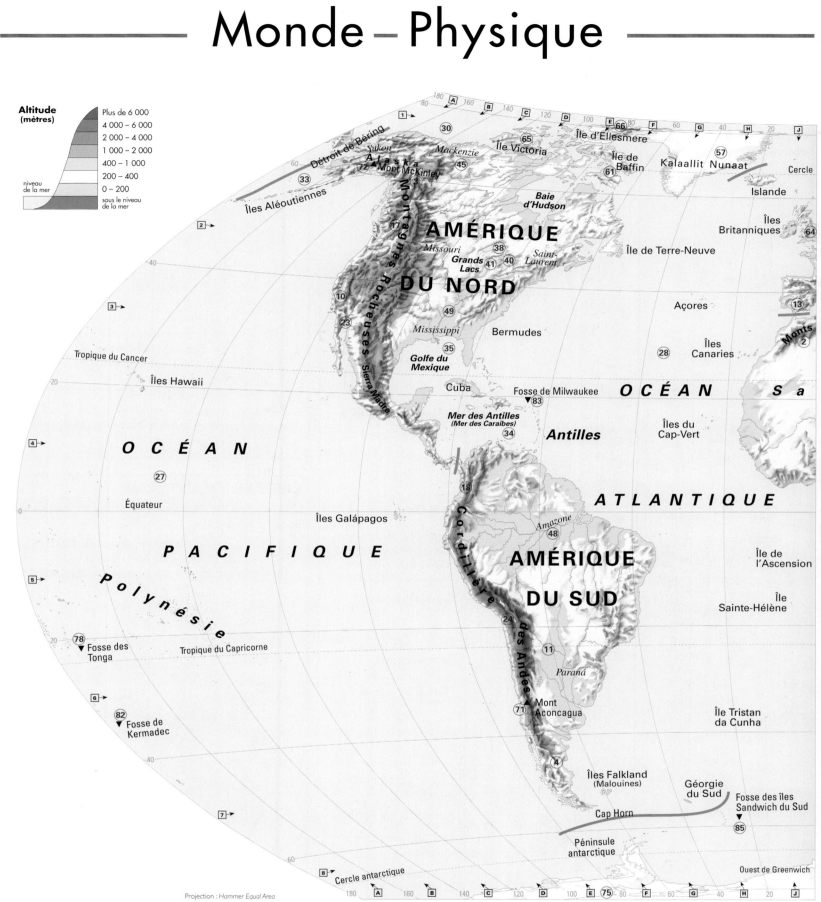

Altitude (mètres)
- Plus de 6 000
- 4 000 – 6 000
- 2 000 – 4 000
- 1 000 – 2 000
- 400 – 1 000
- 200 – 400
- niveau de la mer   0 – 200
- sous le niveau de la mer

Détroit de Béring · Îles Aléoutiennes · Yukon · Alaska · Mont McKinley · Montagnes Rocheuses · Sierra Madre · Mackenzie · Île Victoria · Île d'Ellesmere · Île de Baffin · Kalaallit Nunaat · Île de Terre-Neuve · Islande · Îles Britanniques · Baie d'Hudson · AMÉRIQUE DU NORD · Missouri · Grands Lacs · Saint-Laurent · Mississippi · Golfe du Mexique · Bermudes · Açores · Îles Canaries · Cuba · Fosse de Milwaukee · Mer des Antilles (Mer des Caraïbes) · Antilles · Îles du Cap-Vert · OCÉAN ATLANTIQUE · Tropique du Cancer · Îles Hawaii · OCÉAN PACIFIQUE · Équateur · Îles Galápagos · Polynésie · AMÉRIQUE DU SUD · Amazone · Cordillère des Andes · Paraná · Île de l'Ascension · Île Sainte-Hélène · Fosse des Tonga · Tropique du Capricorne · Mont Aconcagua · Fosse de Kermadec · Îles Falkland (Malouines) · Cap Horn · Péninsule antarctique · Géorgie du Sud · Fosse des îles Sandwich du Sud · Cercle antarctique · Ouest de Greenwich

Projection : Hammer Equal Area

Continent	Superficie (000 km²)	Lieu le plus froid (°C)		Lieu le plus chaud (°C)		Lieu le plus arrosé (précipitations annuelles moyennes, mm)		Lieu le plus sec (précipitations annuelles moyennes, mm)	
Asie	44 500	Verkhoyansk, Russie -68 °C	①	Tirat Zevi, Israël 54 °C	⑧	Cherrapunji, Inde 11 430	⑮	Aden, Yémen 46	㉑
Afrique	30 302	Ifrane, Maroc -24 °C	②	Al Aziziyah, Libye 58 °C	⑨	Debundscha, Cameroun 10 290	⑯	Wadi Haifa, Soudan 2	㉒
Amérique du Nord	24 241	Snag, Yukon -63 °C	③	Vallée de la Mort, Californie 57 °C	⑩	Lac Henderson, Canada 6 500	⑰	Bataques, Mexique 30	㉓
Amérique du Sud	17 793	Sarmiento, Argentine -33 °C	④	Rivadavia, Argentine 49 °C	⑪	Quibdó, Colombie 8 990	⑱	Désert d'Atacama, Chili 0,0	㉔
Antarctique	14 000	Vostok, -89 °C	⑤	Vanda Station, 15 °C	⑫				
Europe	9 957	Ust'Shchugor, Russie -55 °C	⑥	Séville, Espagne 50 °C	⑬	Crkvice, Serbie-Monténégro 4 650	⑲	Astrakhan, Russie 160	㉕
Océanie	8 557	Charlotte Pass, Australie -22 °C	⑦	Cloncurry, Australie 53 °C	⑭	Tully, Australie 4 550	⑳	Muika, Australie 100	㉖

Svalbard   Cap Nord   Nouvelle-Zemble
arctique
Scandinavie
Mer
Baltique   Severnaia   Archipel de la
                            Zemlia   Nouvelle-Sibérie (30)
EUROPE   Ienisseï   (54)
                    Monts Oural   Lena (1)
           Alpes   Ob   S i b é r i e
Mont (76)   Mer
Blanc   19   Volga (6)   Lac Baïkal (44)   d'Okhotsk (36)   Fosse des
     Caucase (25)   (42)   A S I E   Aléoutiennes (86)   (2)
Mont Elbrouz (74) Mer   Lac Balkhach   Amour (52)   Fosse des
Mer Noire   d'Aral   (70)   Huang He   Kouriles (80)   Îles Kouriles
Atlas   (31) Mer Caspienne (37) Hindu Kuch Himalaya Tibet Chine (53)   Japon (63)
Mer Méditerranée   (8)   (68)   Chang Jiang (50)   Fosse du Japon
(9)   (47)   Tibet   Mont Everest (67)   (79)   (3)
h a r a   (22) Mer Rouge Arabie   Indus   Gange   (15)   O C É A N
           (21)   Mer   Inde   Golfe du   (32)
AFRIQUE   d'Oman   Bengale   (55)   Mer de   Philippines   P A C I F I Q U E   (27)
(56)   Mékong (55) Chine   M i c r o n é s i e
Niger (16)   Plateau   Sri Lanka méridionale   Fosse de   Fosse des
        éthiopien   Mindanao (81) (77) Mariannes   (4)
(51) Lac (39) Mont   Bornéo
   Victoria Kilimandjaro   Seychelles   O C É A N   (62) (59)   (58)   M é l a n é s i e
Congo (43) (73)   Sumatra   Nouvelle-
        (46)   I N D I E N   (29)   Guinée   Îles Salomon   (5)
Fleuve   (60)   Île   O C É A N I E   Fosse de (84)
Zambèze   Madagascar   Maurice   (20)   Bougainville
              La Réunion   (14)
                                                   Australie
Cap de   (26)   (6)
Bonne-Espérance   Archipel
              des Crozet   (7)   Nouvelle-
              Îles   Zélande
              Kerguélen   Tasmanie   (40)
O C É A N   A U S T R A L   Mont Cook (7)

Est de Greenwich   A N T A R C T I Q U E   Cercle antarctique   (8)   Ligne de démarcation des continents
                                        (12)

Plus grandes mers au monde (000 km²)		Plus grands lacs au monde (000 km²)		Plus longs fleuves au monde (km)		Plus grandes îles au monde (000 km²)		Plus hauts sommets au monde (m)		Fosses les plus profondes au monde (m)	
Océan Pacifique 165 721	(27)	Mer Caspienne 424	(37)	Nil 6 690	(47)	Kalaallit Nunaat 2 176	(57)	Himalaya : Mont Everest 8 848	(67)	Fosse des Mariannes 11 022	(77)
Océan Atlantique 81 660	(28)	Lac Supérieur 82	(38)	Amazone 6 280	(48)	Nouvelle-Guinée 777	(58)	Karakoram : K2 8 611	(68)	Fosse des Tonga 10 822	(78)
Océan Indien 73 442	(29)	Lac Victoria 69	(39)	Mississippi-Missouri 6 270	(49)	Bornéo 725	(59)	Pamir : Pic du Communisme 7 495	(69)	Fosse du Japon 10 554	(79)
Océan Arctique 14 351	(30)	Lac Huron 60	(40)	Chang Jiang 4 990	(50)	Madagascar 590	(60)	Tian Shan : Pic Pobedy 7 439	(70)	Fosse des Kouriles 10 542	(80)
Mer Méditerranée 2 966	(31)	Lac Michigan 58	(41)	Congo 4 670	(51)	Île de Baffin 476	(61)	Cordillère des Andes : Mont Aconcagua 6 960	(71)	Fosse de Mindanao 10 497	(81)
Mer de Chine méridionale 2 318	(32)	Mer d'Aral 36	(42)	Amour 4 410	(52)	Sumatra 474	(62)	Montagnes Rocheuses : Mont McKinley 6 194	(72)	Fosse de Kermadec 10 047	(82)
Mer de Béring 2 274	(33)	Lac Tanganyika 33	(43)	Huang He 4 350	(53)	Honshu 228	(63)	Afrique de l'Est : Mont Kilimandjaro 5 895	(73)	Fosse de Milwaukee 9 200	(83)
Mer des Caraïbes 1 942	(34)	Lac Baïkal 31	(44)	Lena 4 260	(54)	Grande-Bretagne 217	(64)	Caucase : Mont Elbrouz 5 633	(74)	Fosse de Bougainville 9 140	(84)
Golfe du Mexique 1 813	(35)	Grand lac de l'Ours 31	(45)	Mékong 4 180	(55)	Île Victoria 212	(65)	Antarctique : Mont Vinson 4 897	(75)	Fosse des îles Sandwich du Sud 8 428	(85)
Mer d'Okhotsk 1 528	(36)	Lac Malawi 31	(46)	Niger 4 180	(56)	Île d'Ellesmere 197	(66)	Alpes : Mont Blanc 4 807	(76)	Fosse des Aléoutiennes 7 822	(86)

Monde – Politique

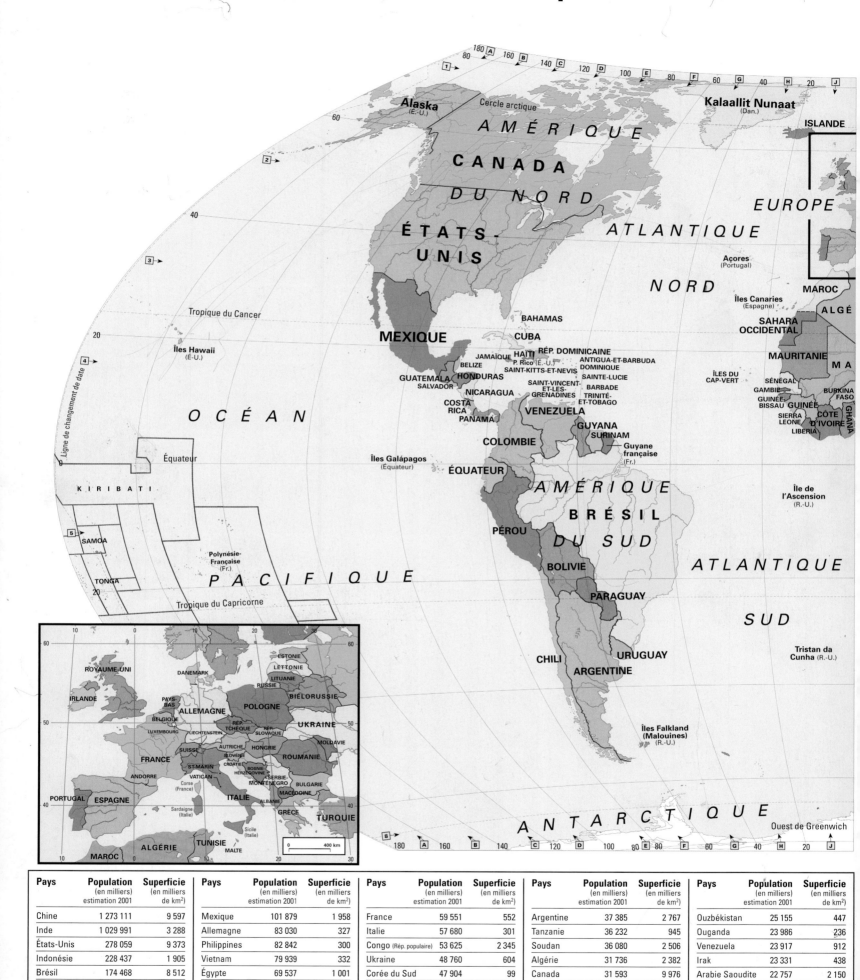

Pays	Population (en milliers) estimation 2001	Superficie (en milliers de km²)
Chine	1 273 111	9 597
Inde	1 029 991	3 288
États-Unis	278 059	9 373
Indonésie	228 437	1 905
Brésil	174 468	8 512
Russie	145 470	17 075
Pakistan	144 617	796
Bangladesh	131 270	144
Japon	126 772	378
Nigeria	126 636	924

Pays	Population (en milliers) estimation 2001	Superficie (en milliers de km²)
Mexique	101 879	1 958
Allemagne	83 030	327
Philippines	82 842	300
Vietnam	79 939	332
Égypte	69 537	1 001
Turquie	66 494	779
Iran	66 129	1 648
Éthiopie	65 892	1 127
Thaïlande	61 798	513
Royaume-Uni	59 648	243

Pays	Population (en milliers) estimation 2001	Superficie (en milliers de km²)
France	59 551	552
Italie	57 680	301
Congo (Rép. populaire)	53 625	2 345
Ukraine	48 760	604
Corée du Sud	47 904	99
Afrique du Sud	43 586	1 220
Myanmar (Birmanie)	41 995	667
Colombie	40 349	1 139
Espagne	40 038	505
Pologne	38 634	313

Pays	Population (en milliers) estimation 2001	Superficie (en milliers de km²)
Argentine	37 385	2 767
Tanzanie	36 232	945
Soudan	36 080	2 506
Algérie	31 736	2 382
Canada	31 593	9 976
Kenya	30 766	580
Maroc	30 645	447
Pérou	27 484	1 285
Afghanistan	26 813	652
Népal	25 284	141

Pays	Population (en milliers) estimation 2001	Superficie (en milliers de km²)
Ouzbékistan	25 155	447
Ouganda	23 986	236
Venezuela	23 917	912
Irak	23 331	438
Arabie Saoudite	22 757	2 150
Taïwan	22 370	36
Roumanie	22 364	238
Malaisie	22 229	330
Corée du Nord	21 968	121
Ghana	19 994	239

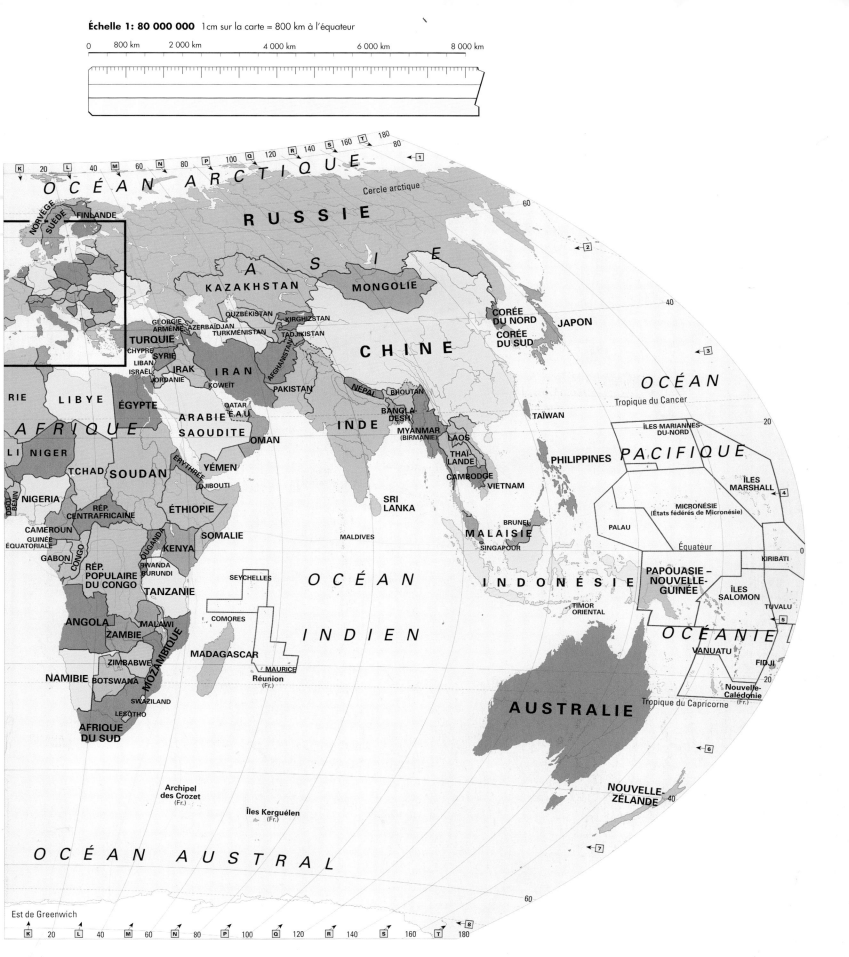

Échelle 1: 80 000 000 1cm sur la carte = 800 km à l'équateur

| 0 | 800 km | 2 000 km | 4 000 km | 6 000 km | 8 000 km |

Pays	Population (en milliers) estimation 2001	Superficie (en milliers de km²)	Pays	Population (en milliers) estimation 2001	Superficie (en milliers de km²)	Pays	Population (en milliers) estimation 2001	Superficie (en milliers de km²)	Pays	Population (en milliers) estimation 2001	Superficie (en milliers de km²)	Pays	Population (en milliers) estimation 2001	Superficie (en milliers de km²)
Sri Lanka	19 409	66	Chili	15 328	757	Malawi	10 548	118	Tunisie	9 705	164	Rwanda	7 313	26
Mozambique	19 371	802	Équateur	13 184	284	Angola	10 366	1 247	Suède	8 875	450	Suisse	7 283	41
Australie	19 358	7 687	Guatemala	12 974	109	Niger	10 355	1 267	Tchad	8 707	1 284	Haïti	6 964	28
Yémen	18 078	528	Cambodge	12 492	181	Biélorussie	10 350	208	Rép. dominicaine	8 582	49	Tadjikistan	6 579	143
Kazakhstan	16 731	2 717	Burkina Faso	12 272	274	Sénégal	10 285	197	Bolivie	8 300	1 099	Honduras	6 406	112
Syrie	16 729	185	Zimbabwe	11 365	391	Rép. tchèque	10 264	79	Autriche	8 151	84	Salvador	6 238	21
Côte d'Ivoire	16 393	322	Cuba	11 184	111	Belgique	10 259	31	Azerbaïdjan	7 771	87	Burundi	6 224	28
Madagascar	15 983	587	Mali	11 009	1 240	Hongrie	10 106	93	Bulgarie	7 707	111	Israël	5 938	27
Pays-Bas	15 981	42	Serbie-Monténégro	10 677	102	Portugal	10 066	92	Guinée	7 614	246	Jordanie	5 153	89
Cameroun	15 803	475	Grèce	10 624	132	Zambie	9 770	753	Somalie	7 489	638	Géorgie	4 989	70

Amérique du Nord

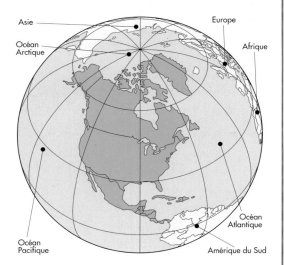

- L'Amérique du Nord est le troisième plus grand continent au monde, et représente la moitié de la superficie de l'Asie. Il s'étend dans sa presque totalité de l'équateur au pôle Nord.

- Le continent comprend trois grands pays, le Canada, les États-Unis et le Mexique, les sept pays de l'Amérique centrale ainsi que les Antilles.

- Le Kalaallit Nunaat (Groenland), est la plus grande île au monde et fait partie de l'Amérique du Nord, quoiqu'il soit un territoire autonome appartenant au Danemark.

- Les Grands Lacs, un groupe de lacs de grande superficie, occupent l'est du continent. Les chutes du Niagara sont situées entre les lacs Érié et Ontario. Le fleuve Saint-Laurent relie les Grands Lacs à l'océan Atlantique.

- L'ouest de l'Amérique du Nord compte des montagnes, des volcans et de hauts plateaux. Des fleuves, des rivières, des montagnes et des basses terres d'importance occupent l'est du continent.

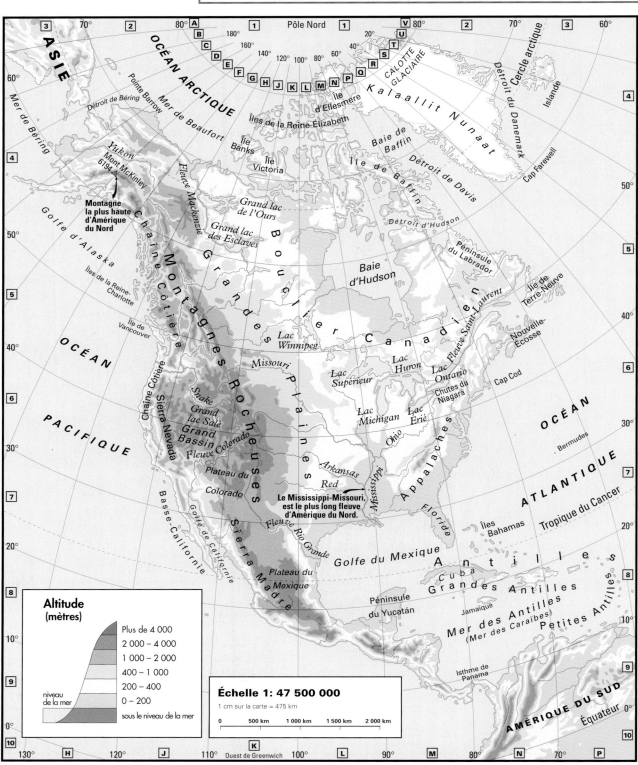

Pays les plus grands – Superficie		Pays les plus peuplés		Agglomérations les plus peuplées	
(en milliers de km²)		*(en millions d'habitants – 2001)*		*(en millions d'habitants – 2002)*	
Canada	9 976	États-Unis	278,1	New York (É.-U.)	21,60
États-Unis........................	.9 373	Mexique	101,9	Mexico (MEXIQUE)...............	20,75
Mexique	1 958	Canada	31,6	Los Angeles (É.-U.)	16,80
Kalaallit Nunaat..................	342	Guatemala	13,0	Chicago (É.-U.)	9,40
Nicaragua	119	Cuba	11,2	Washington (É.-U.)	7,85
Honduras	112	République dominicaine.........	8,6	San Francisco (É.-U.)	7,25
				Philadelphie (É.-U.)	6,30

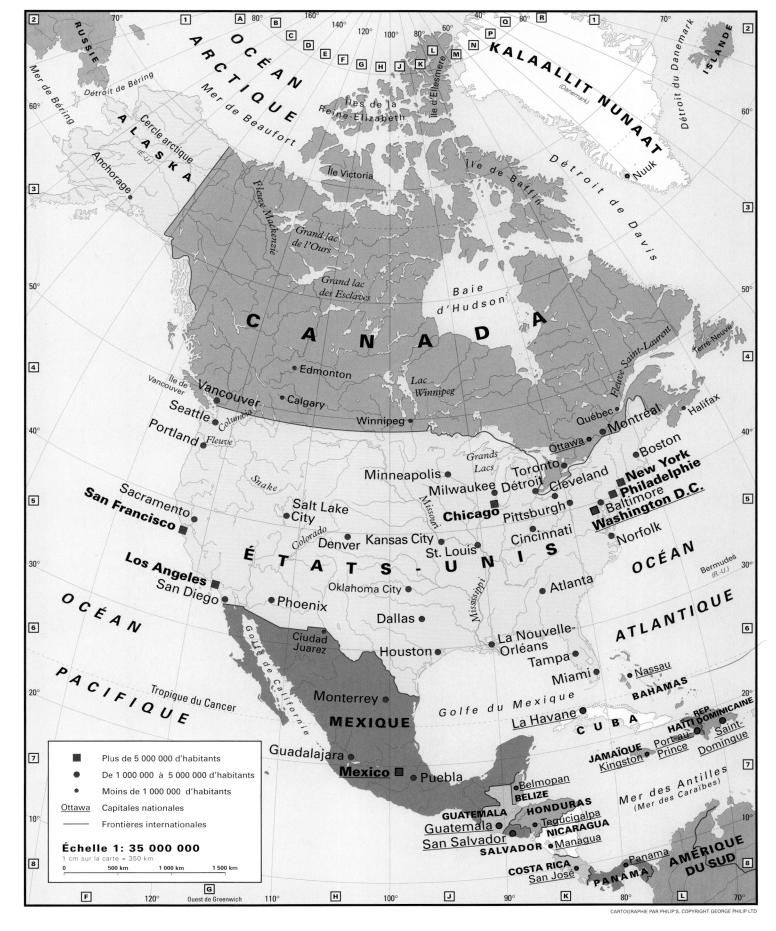

17

Canada – Physique

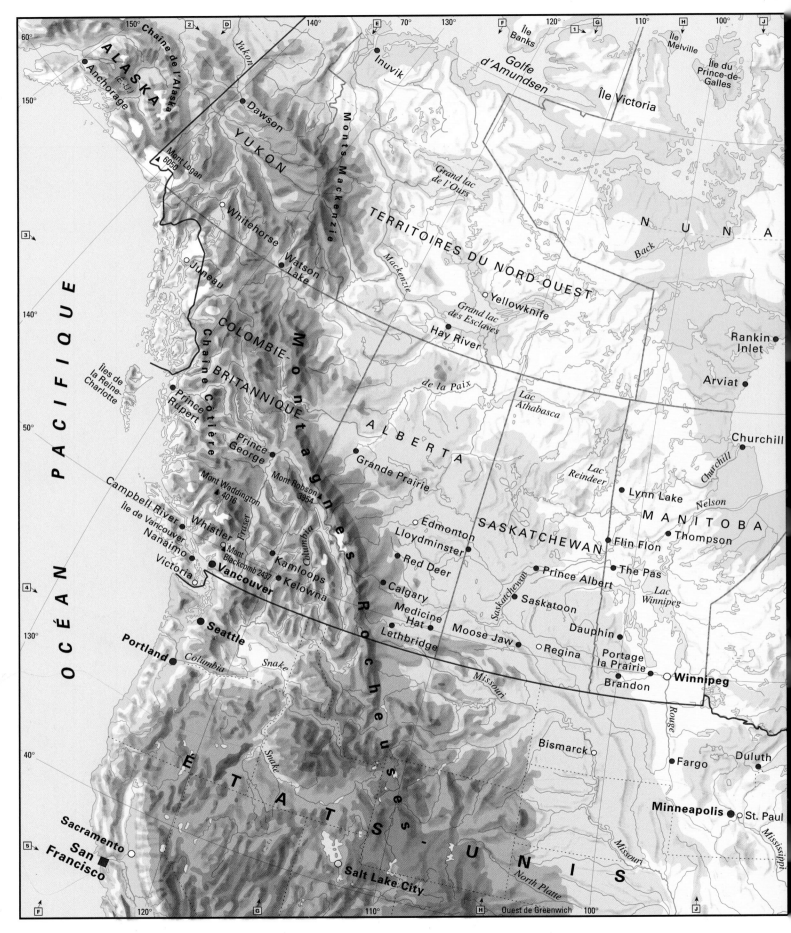

Altitude (mètres)

Plus de 4 000
2 000 – 4 000
1 000 – 2 000
400 – 1 000
200 – 400
niveau de la mer 0 – 200
sous le niveau de la mer

■ Plus de 5 000 000 d'habitants
● De 1 000 000 à 5 000 000 d'habitants
• Moins de 1 000 000 d'habitants
○ ○ Capitales provinciales ou d'États

<u>Ottawa</u> Capitale nationale
——— Frontières internationales
——— Frontières provinciales
········· Frontières d'États

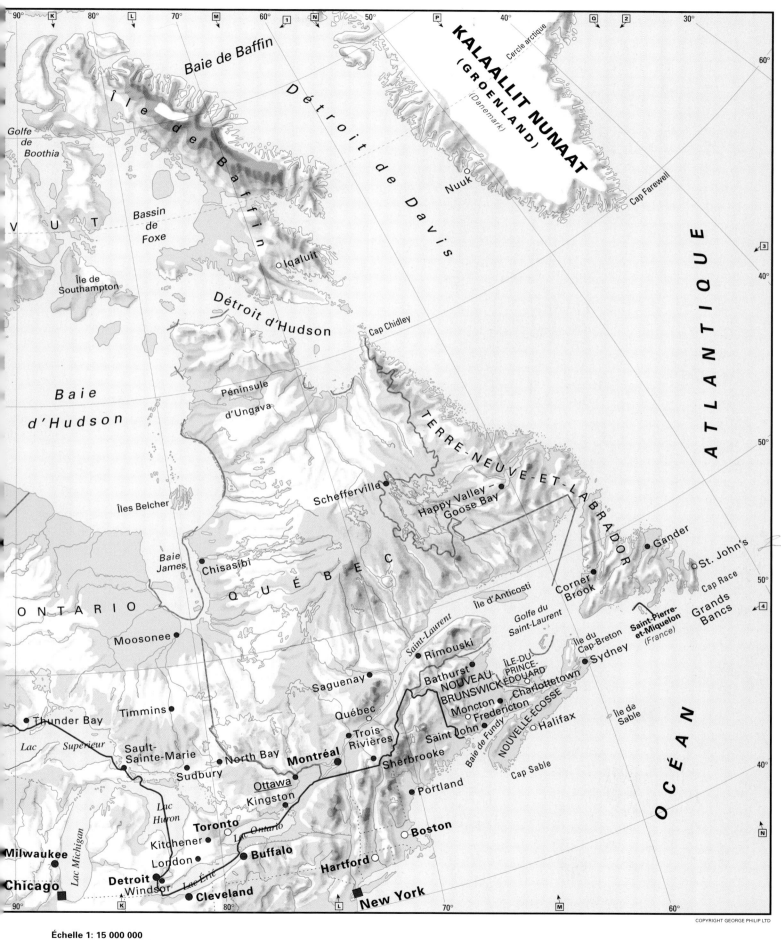

Baie de Baffin

Île de Baffin

Golfe de Boothia

N U N A V U T

Bassin de Foxe

Détroit de Baffin

Île de Southampton

Détroit de Davis

Détroit d'Hudson

KALAALLIT NUNAAT
(GROENLAND)
(Danemark)

Cercle arctique

Nuuk

Cap Farewell

A T L A N T I Q U E

Baie d'Hudson

Péninsule d'Ungava

Cap Chidley

Iqaluit

Îles Belcher

Baie James

Chisasibi

O N T A R I O

Q U É B E C

T E R R E - N E U V E - E T - L A B R A D O R

Schefferville

Happy Valley – Goose Bay

Gander

St. John's

Corner Brook

Cap Race

Moosonee

Île d'Anticosti

Golfe du Saint-Laurent

Grands Bancs

Saint-Laurent

Rimouski

Île du Cap-Breton

Saint-Pierre-et-Miquelon
(France)

Sydney

Saguenay

Bathurst

ÎLE-DU-PRINCE-ÉDOUARD

Québec

NOUVEAU-BRUNSWICK

Charlottetown

Île de Sable

Timmins

Trois-Rivières

Moncton

Fredericton

Thunder Bay

North Bay

Montréal

Sherbrooke

Saint John

NOUVELLE-ÉCOSSE

Halifax

Lac Supérieur

Sault-Sainte-Marie

Baie de Fundy

O C É A N

Sudbury

Ottawa

Portland

Cap Sable

Lac Huron

Kingston

Lac Michigan

Toronto

Lac Ontario

Milwaukee

Kitchener

Boston

Chicago

London

Buffalo

Hartford

Detroit

Windsor

Lac Érié

Cleveland

New York

COPYRIGHT GEORGE PHILIP LTD

Échelle 1: 15 000 000
1 cm sur la carte = 150 km

| 0 | 150 km | 300 km | 600 km | 900 km | 1 200 km | 1 500 km |

Canada – Politique

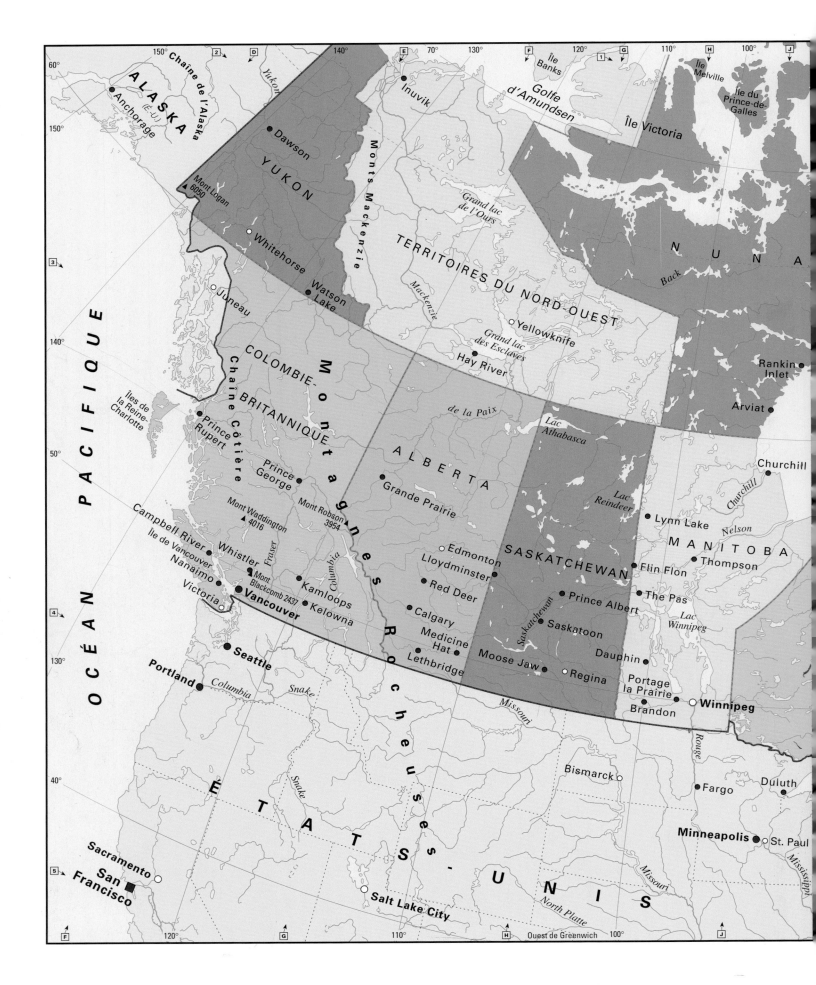

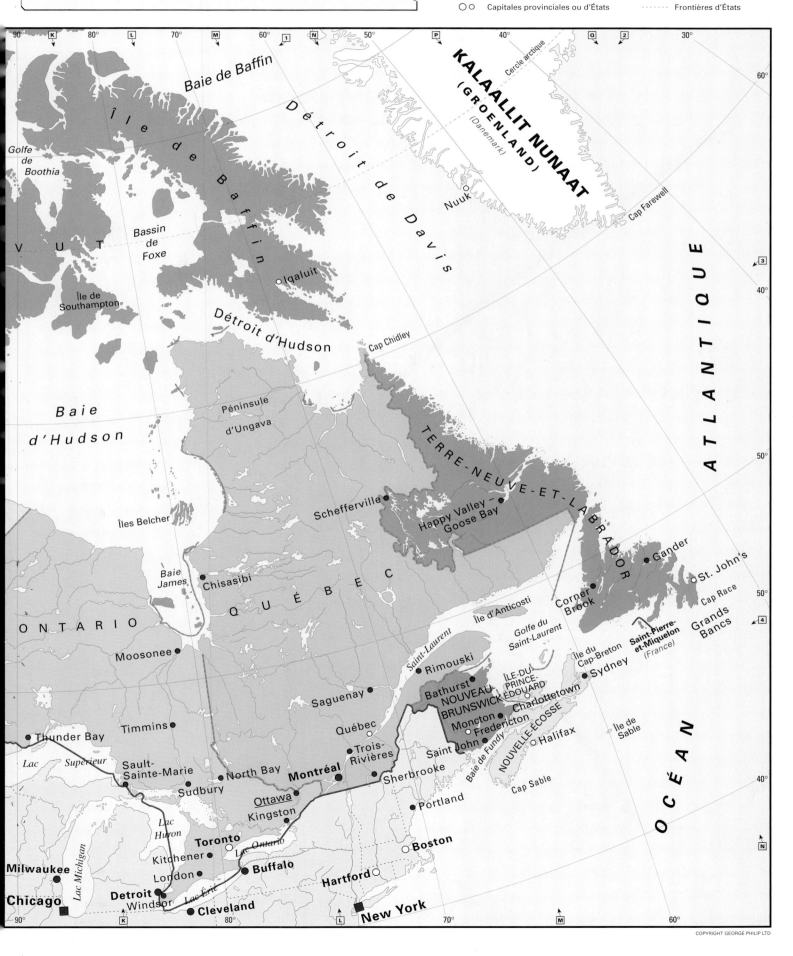

Échelle 1: 15 000 000
1 cm sur la carte = 150 km

0   150 km   300 km   600 km   900 km   1 200 km   1 500 km

1   2   3   4   5   6   7   8   9   10
cm   cm   cm

■ Plus de 5 000 000 d'habitants   Ottawa   Capitale nationale

● De 1 000 000 à 5 000 000 d'habitants   Frontières internationales

● Moins de 1 000 000 d'habitants   Frontières provinciales

○○ Capitales provinciales ou d'États   .... Frontières d'États

Baie de Baffin

Île de Baffin

Détroit de Baffin

Golfe de Boothia

Bassin de Foxe

NUNAVUT

Île de Southampton

Baie d'Hudson

Îles Belcher

Détroit d'Hudson

Détroit de Davis

Cercle arctique

KALAALLIT NUNAAT
(GROENLAND)
(Danemark)

Nuuk

Cap Farewell

ATLANTIQUE

Iqaluit

Cap Chidley

Péninsule d'Ungava

TERRE-NEUVE-ET-LABRADOR

Schefferville

Happy Valley – Goose Bay

Gander

St. John's

ONTARIO

QUÉBEC

Baie James

Chisasibi

Corner Brook

Cap Race

Grands Bancs

Moosonee

Île d'Anticosti

Golfe du Saint-Laurent

Île du Cap-Breton

Saint-Pierre-et-Miquelon
(France)

Saint-Laurent

Rimouski

Saguenay

Bathurst

NOUVEAU-BRUNSWICK

ÎLE-DU-PRINCE-ÉDOUARD

Sydney

Timmins

Québec

Moncton

Charlottetown

Thunder Bay

Trois-Rivières

Fredericton

NOUVELLE-ÉCOSSE

Île de Sable

Lac Supérieur

Sault-Sainte-Marie

North Bay

Sherbrooke

Saint John

Halifax

Sudbury

Montréal

Baie de Fundy

Cap Sable

OCÉAN

Ottawa

Portland

Lac Huron

Kingston

Toronto

Lac Ontario

Kitchener

Lac Michigan

London

Lac Érié

Buffalo

Hartford

Milwaukee

Windsor

Cleveland

New York

Chicago

Detroit

États-Unis – Physique

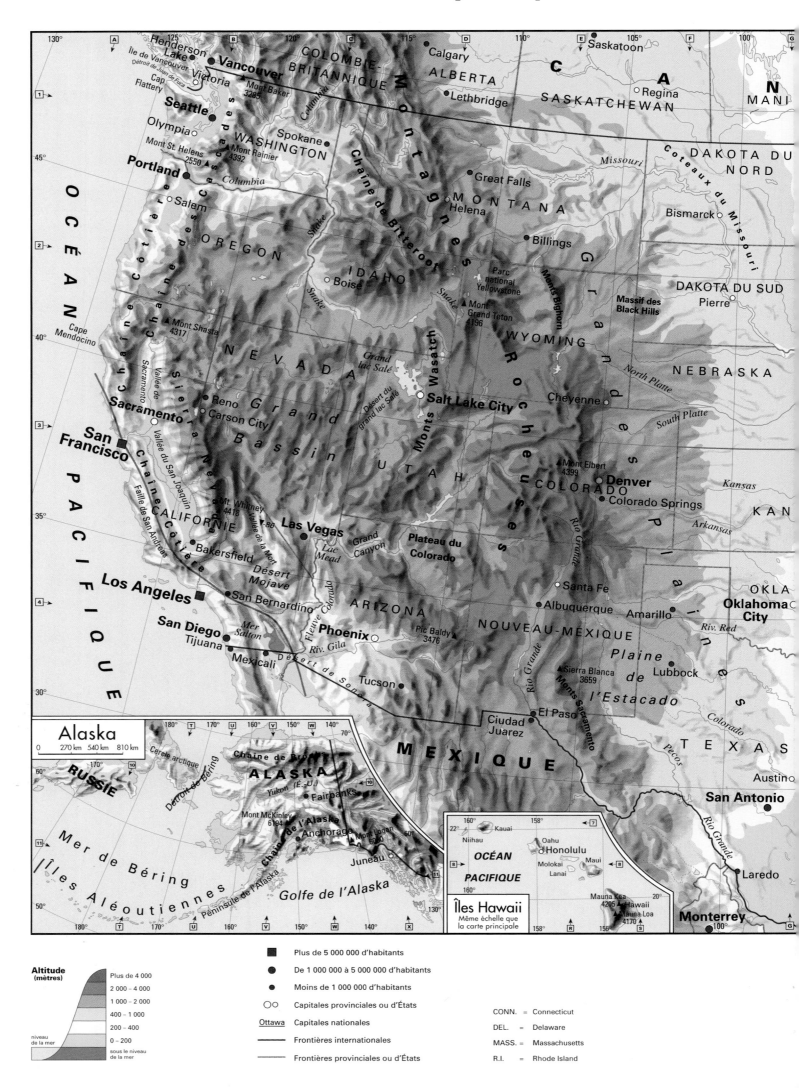

Altitude (mètres)

Plus de 4 000
2 000 – 4 000
1 000 – 2 000
400 – 1 000
200 – 400
niveau de la mer 0 – 200
sous le niveau de la mer

■ Plus de 5 000 000 d'habitants
● De 1 000 000 à 5 000 000 d'habitants
• Moins de 1 000 000 d'habitants
○○ Capitales provinciales ou d'États
<u>Ottawa</u> Capitales nationales
—— Frontières internationales
········ Frontières provinciales ou d'États

CONN. = Connecticut
DEL. = Delaware
MASS. = Massachusetts
R.I. = Rhode Island

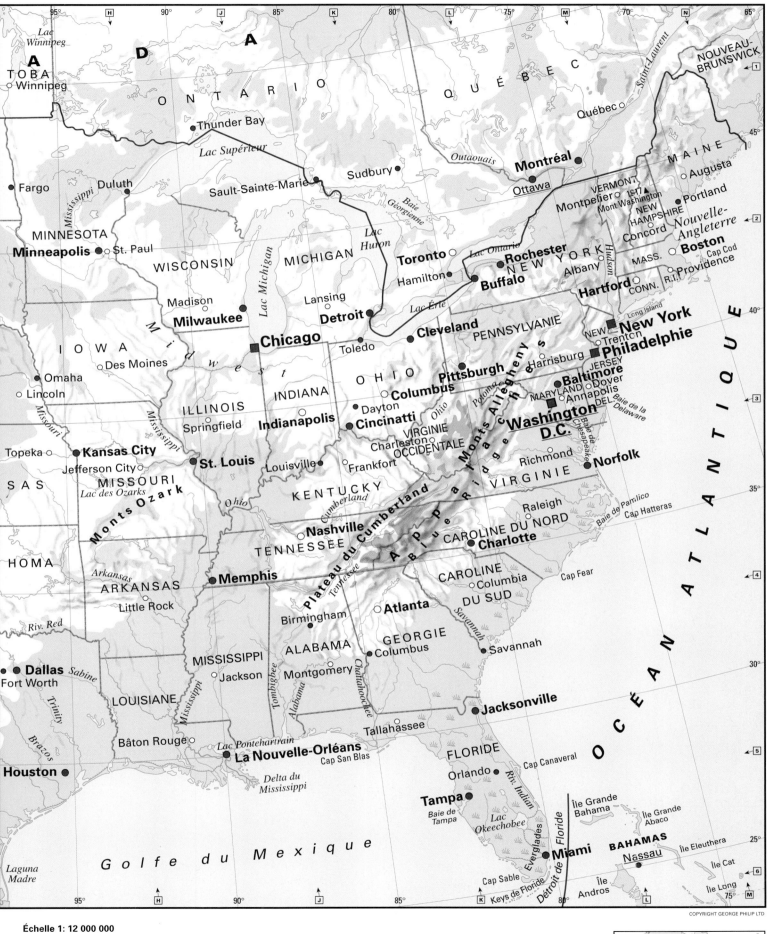

Échelle 1: 12 000 000
1 cm sur la carte = 120 km

| 0 | 200 km | 400 km | 600 km | 800 km | 1 000 km | 1 200 km |

États-Unis – Politique

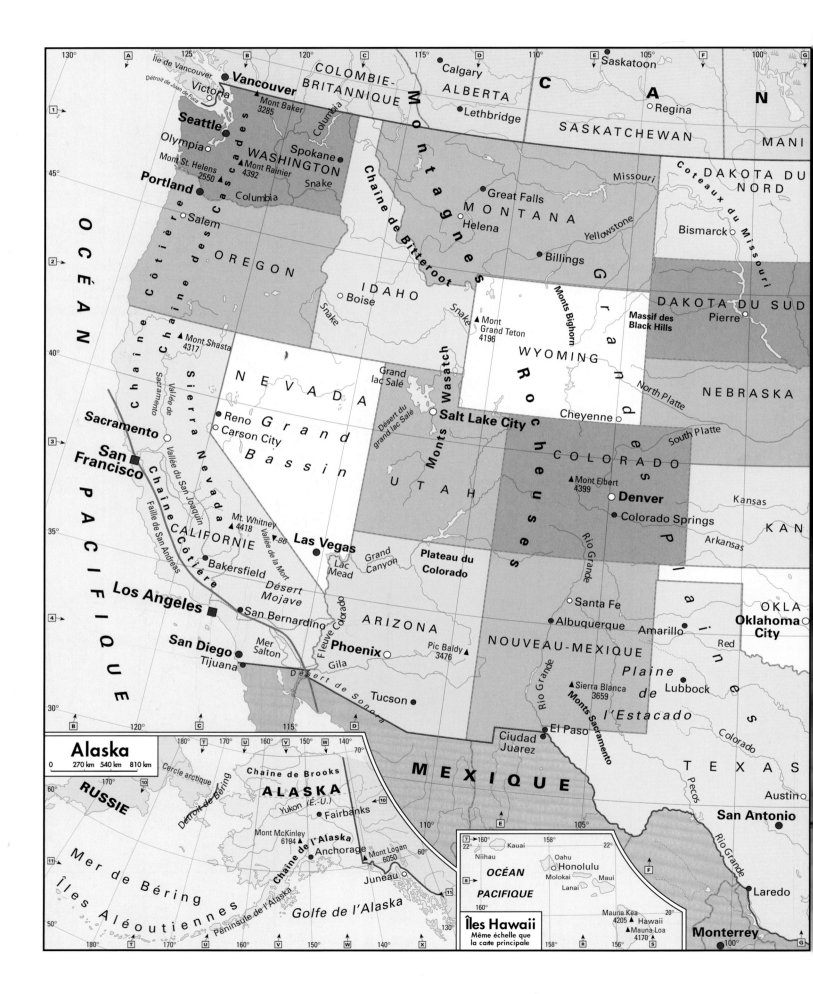

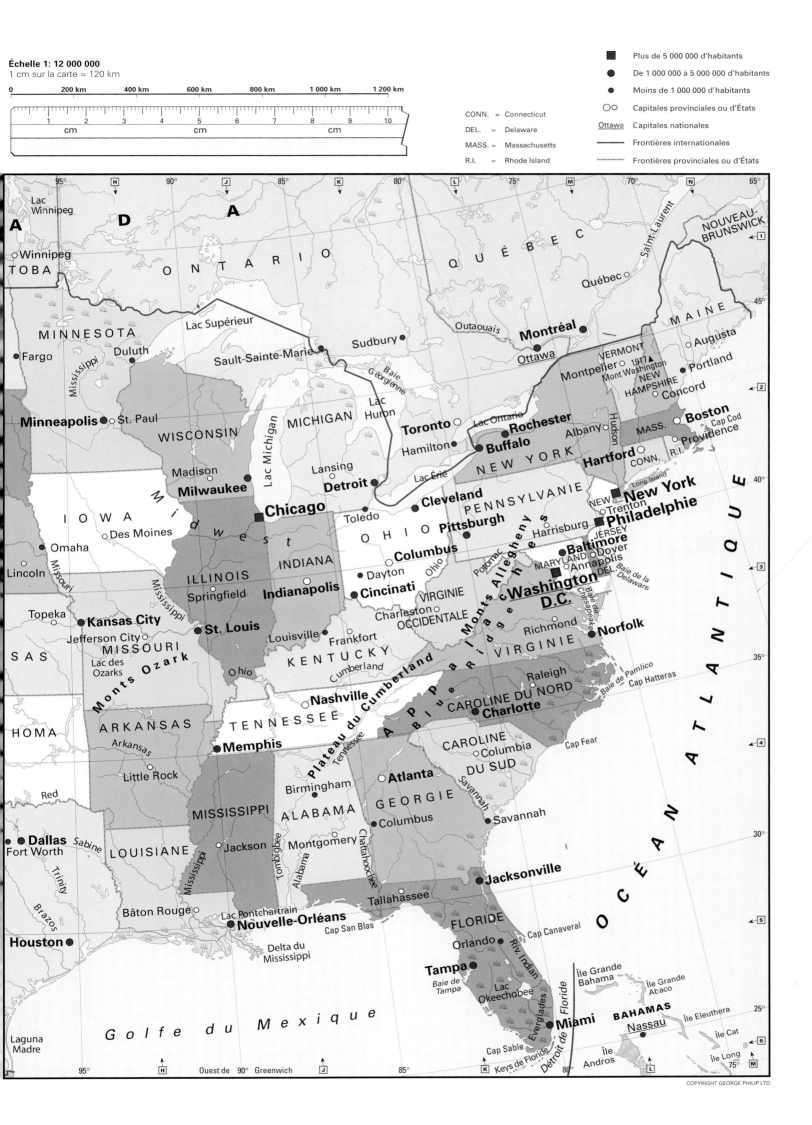

0   200 km   400 km   600 km   800 km   1 000 km   1 200 km

| | 1 | 2 | 3 | 4 | 5 | 6 | 7 | 8 | 9 | 10 |
cm   cm   cm

■ Plus de 5 000 000 d'habitants
● De 1 000 000 à 5 000 000 d'habitants
● Moins de 1 000 000 d'habitants
○○ Capitales provinciales ou d'États
Ottawa Capitales nationales
—— Frontières internationales
---- Frontières provinciales ou d'États

CONN. = Connecticut
DEL. = Delaware
MASS. = Massachusetts
R.I. = Rhode Island

Lac Winnipeg
A   D   A
○ Winnipeg
TOBA
MINNESOTA
ONTARIO
QUÉBEC
NOUVEAU-BRUNSWICK
Saint-Laurent
Québec ○
MAINE
● Fargo
Duluth
Lac Supérieur
Sudbury ●
Outaouais
Montréal
○ Augusta
Sault-Sainte-Marie
Ottawa
VERMONT
Montpelier ○ 1917 ▲
Mont Washington
NEW HAMPSHIRE
Portland
Minneapolis ○ St. Paul
WISCONSIN
MICHIGAN
Baie Géorgienne
Lac Huron
Toronto ○
Rochester
Albany
Hudson
MASS.
Boston
Cap Cod
Concord
● Milwaukee
Madison
Lansing
Hamilton ○
Buffalo
NEW YORK
Hartford
CONN. R.I.
Providence
IOWA
Lac Michigan
Des Moines ●
Chicago
Detroit
Lac Érie
Cleveland
PENNSYLVANIE
NEW
New York
Trenton
Long Island
Omaha ●
Midwest
Toledo
Pittsburgh
JERSEY
Philadelphie
Lincoln
ILLINOIS
INDIANA
Columbus
Dayton ●
OHIO
Ohio
Harrisburg
MARYLAND Dover
Baltimore
Annapolis
DEL.
Baie de la Delaware
Topeka
Springfield
Indianapolis
Cincinati
VIRGINIE
Monts Alleghenys
Washington D.C.
Baie de Chesapeake
Kansas City
MISSOURI
St. Louis
Louisville
Frankfort
Charleston
OCCIDENTALE
Richmond
Norfolk
Jefferson City
Lac des Ozarks
KENTUCKY
Cumberland
Plateau du Cumberland
VIRGINIE
SAS
Monts Ozark
Ohio
Appalaches
Blue Ridge
Raleigh
Baie de Pamlico
Cap Hatteras
HOMA
ARKANSAS
Nashville
TENNESSEE
Tennessee
CAROLINE DU NORD
Charlotte
Arkansas
Memphis
CAROLINE DU SUD
Columbia
Cap Fear
Little Rock
Birmingham
Atlanta
Red
MISSISSIPPI
ALABAMA
GEORGIE
Columbus
Savannah
Savannah
Dallas
Sabine
Jackson
Montgomery
Chattahoochee
Fort Worth
LOUISIANE
Tombigbee
Alabama
Jacksonville
Trinity
Bâton Rouge
Lac Pontchartrain
Tallahassee
Houston ●
Nouvelle-Orléans
Cap San Blas
FLORIDE
Cap Canaveral
Brazos
Delta du Mississippi
Orlando
Riv. Indian
Île Grande Bahama
Île Grande Abaco
Tampa
Baie de Tampa
Lac Okeechobee
Lac Floride
BAHAMAS
Île Eleuthera
Laguna Madre
Golfe du Mexique
Everglades
Miami
Nassau
Île Cat
Cap Sable
Keys de Floride
Détroit de Floride
Île Andros
Île Long
Mississippi
Missouri
Mississippi
OCÉAN ATLANTIQUE

Mexique, Amérique Centrale et Antilles

Altitude (mètres)
- Plus de 4 000
- 2 000 – 4 000
- 1 000 – 2 000
- 400 – 1 000
- 200 – 400
- niveau de la mer
- 0 – 200
- sous le niveau de la mer

- ■ Plus de 5 000 000 d'habitants
- ● De 1 000 000 à 5 000 000 d'habitants
- • Moins de 1 000 000 d'habitants
- <u>Mexico</u> Capitales nationales
- —— Frontières internationales

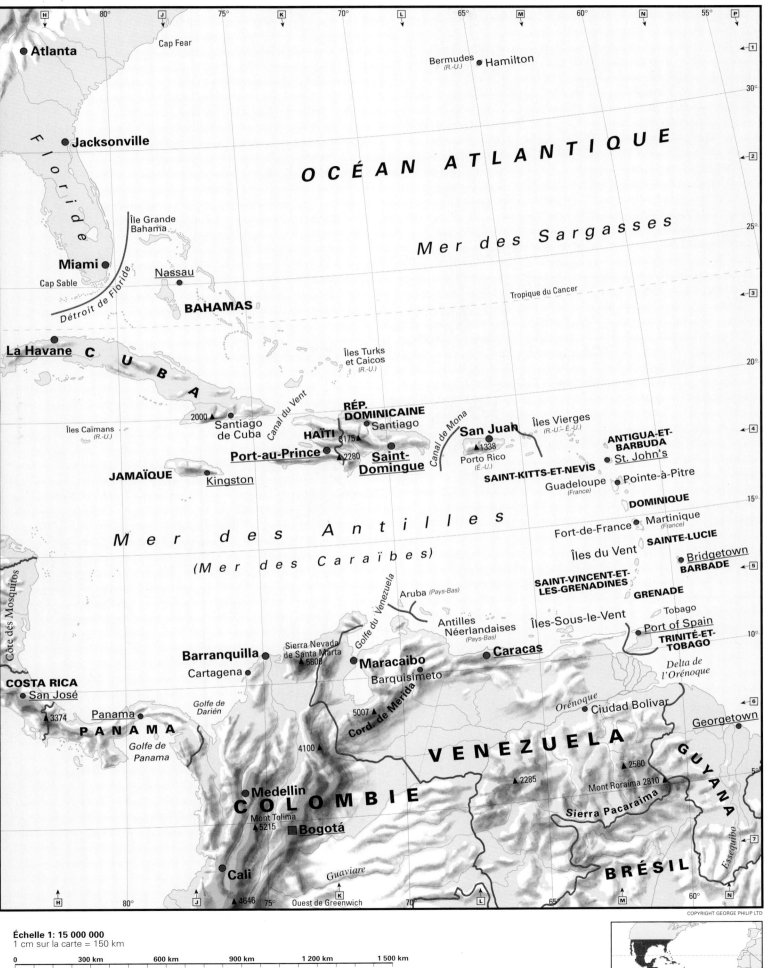

H　80°　J　75°　K　70°　L　65°　M　60°　N　55°　P

Atlanta

Cap Fear

Bermudes ● Hamilton
(R.-U.)

30°

F l o r i d e

● Jacksonville

O C É A N   A T L A N T I Q U E

2

M e r   d e s   S a r g a s s e s

Île Grande
Bahama

25°

Miami ●

Cap Sable

Nassau
●

Tropique du Cancer

3

Détroit de Floride

BAHAMAS

La Havane ●　C U B A

Îles Turks
et Caicos
(R.-U.)

20°

2000 ▲
Santiago
de Cuba

RÉP.
DOMINICAINE
● Santiago

Îles Vierges
(R.-U.-É.-U.)

**ANTIGUA-ET-
BARBUDA**

4

Îles Caïmans
(R.-U.)

Canal du Vent

HAÏTI　3175▲

San Juan
▲1338

● **St. John's**

Port-au-Prince ●
▲2280

**Saint-
Domingue**

Porto Rico
(É.-U.)

SAINT-KITTS-ET-NEVIS

Guadeloupe
(France)

● Pointe-à-Pitre

JAMAÏQUE

● Kingston

DOMINIQUE

15°

M e r   d e s   A n t i l l e s

Fort-de-France ● Martinique
(France)

Îles du Vent

SAINTE-LUCIE

(M e r   d e s   C a r a ï b e s)

● **Bridgetown**
BARBADE

5

Côte des Mosquitos

**SAINT-VINCENT-ET-
LES-GRENADINES**

GRENADE

Aruba (Pays-Bas)

Antilles
Néerlandaises
(Pays-Bas)

Îles-Sous-le-Vent

Tobago

● **Port of Spain**
**TRINITÉ-ET-
TOBAGO**

10°

Barranquilla ●

Sierra Nevada
de Santa Marta
▲5800

Golfe du Venezuela

Caracas ●

Delta de
l'Orénoque

COSTA RICA
● San José

Cartagena

Maracaibo ●
Barquisimeto

Orénoque
● Ciudad Bolivar

● Georgetown

6

▲3374

Golfe de
Darién

5007 ▲

Cord. de Mérida

Panama

P A N A M A

Golfe de
Panama

4100 ▲

V E N E Z U E L A

G U Y A N A

▲2560

Medellín ●

2285 ▲

Mont Roraima 2810 ▲

Mont Tolima
▲5215

C O L O M B I E

Sierra Pacaraima

7

□ **Bogotá**

● **Cali**

Guaviare

B R É S I L

60°

H　80°　J　75°　K　70°　L　65°　M　60°　N

▲4646　Ouest de Greenwich

Échelle 1: 15 000 000
1 cm sur la carte = 150 km

0　300 km　600 km　900 km　1 200 km　1 500 km

1　2　3　4　5　6　7　8　9　10

cm　cm　cm

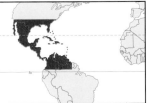

Amérique du Sud

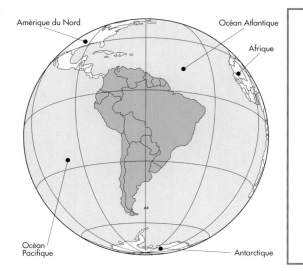

- L'Amazone est le deuxième plus long fleuve au monde après le Nil, situé en Afrique. Le débit de l'Amazone dépasse cependant celui de tous les fleuves du monde.

- La Cordillère des Andes, une chaîne de montagnes dominant la côte occidentale de l'Amérique du Sud et parsemée de volcans actifs, s'étend du nord au sud sur une distance de 7 500 km.

- Le lac Titicaca est le plus grand lac du continent. Situé à 3 800 mètres au-dessus du niveau de la mer, sa superficie est de 8 200 km².

- L'espagnol et le portugais sont les deux langues les plus parlées en Amérique du Sud.

- Le Brésil, qui est le pays le plus riche en ressources naturelles du continent, couvre la plus grande superficie et compte le plus grand nombre d'habitants.

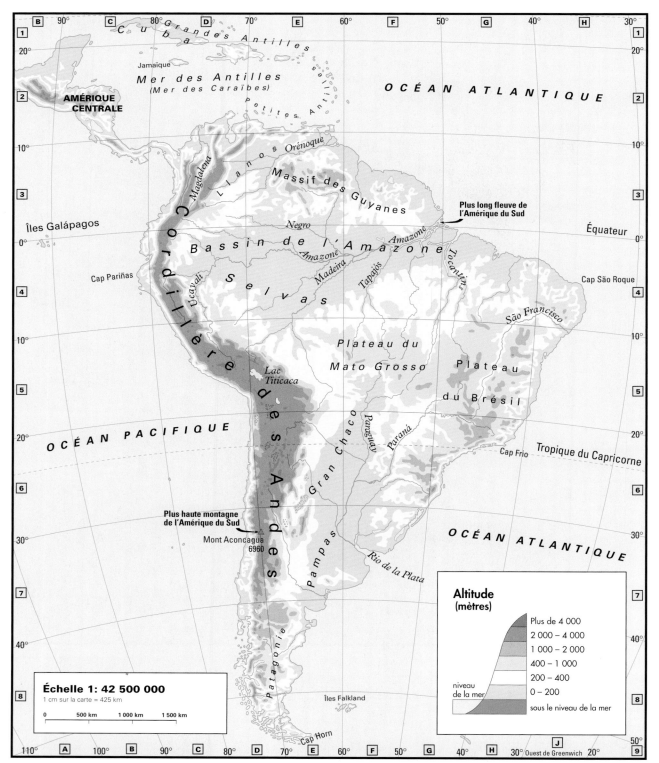

Pays les plus grands – Superficie	Pays les plus peuplés	Agglomérations les plus peuplées
(en milliers de km²)	*(en millions d'habitants – 2001)*	*(en millions d'habitants – 2001)*
Brésil 8 512	Brésil 174,5	São Paulo (BRÉSIL) 20,25
Argentine 2 767	Colombie........................... 40,3	Buenos Aires (ARGENTINE) ... 13,70
Pérou 1 285	Argentine 37,4	Rio de Janeiro (BRÉSIL) 12,25
Bolivie 1 099	Pérou 27,5	Lima (PÉROU) 7,90
Colombie 1 139	Venezuela......................... 23,9	Bogotá (COLOMBIE) 7,70
Venezuela.......................... 912	Chili 15,3	Santiago (CHILI) 5,45

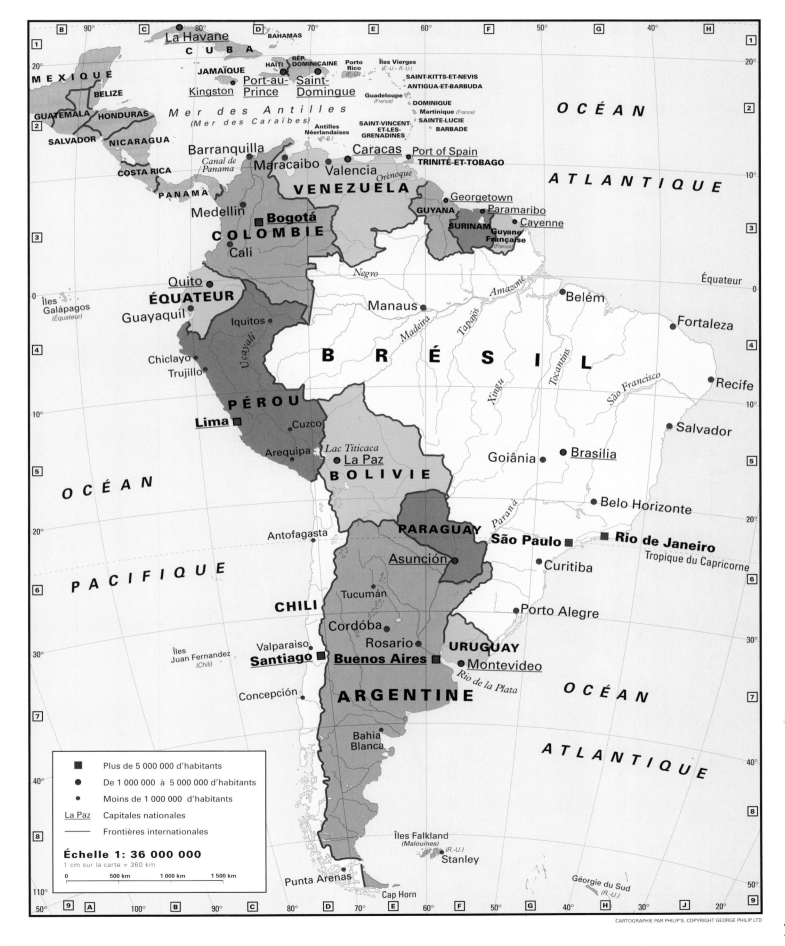

CARTOGRAPHIE PAR PHILIP'S. COPYRIGHT GEORGE PHILIP LTD

Australie et Océanie

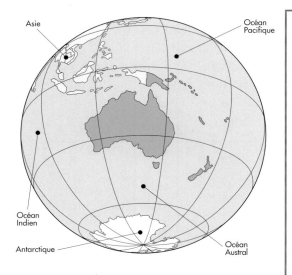

Asie
Océan Pacifique
Océan Indien
Antarctique
Océan Austral

- L'Australie, une île gigantesque, la Nouvelle-Zélande et des milliers d'îles situées dans l'océan Pacifique composent l'Océanie.

- Ayers Rock, haut de 348 mètres, s'élève abruptement des plaines du centre de l'Australie. Ses pentes sont ravinées et cachent des grottes de formation inhabituelle.

- Il y a des milliers d'îles dans l'océan Pacifique. Certaines sont des élévations volcaniques, alors que beaucoup d'autres sont des terres basses formées de coraux.

- L'Océanie est le plus petit continent ; l'Asie a une superficie six fois plus grande.

- La Grande Barrière de Corail, une chaîne de récifs coralliens, est l'organisme vivant le plus grand au monde. Elle s'étend sur 2 100 kilomètres.

- L'océan Pacifique compte les lieux les plus bas sur Terre. La Fosse des Mariannes atteint une profondeur de 11 022 mètres. Un boulet d'acier de 0,5 kilogramme prendrait une demi-heure pour toucher le fond.

- Des récentes découvertes amènent à penser que des peuples autochtones vivaient déjà en Australie, il y a près de 40 000 ans.

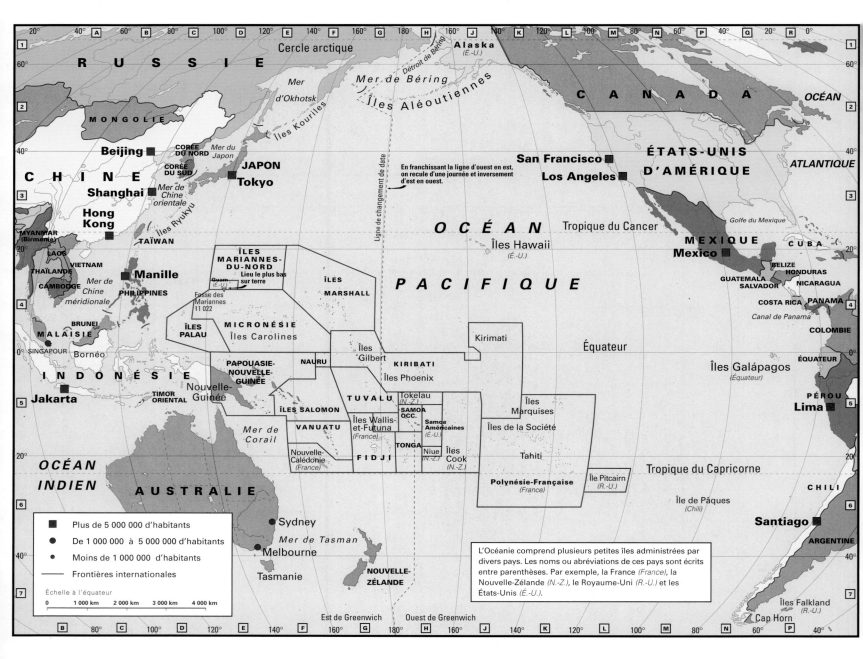

Pays les plus grands – Superficie

(en milliers de km²)

Australie 7 686
Papouasie-Nouvelle-Guinée.... 462
Nouvelle-Zélande................. 269
Îles Salomon 29
Nouvelle-Calédonie................ 19
Fidji 18

Pays les plus peuplés – Population

(en millions d'habitants – 2001)

Australie 19,4
Papouasie-Nouvelle-Guinée..... 5,1
Nouvelle-Zélande.................... 3,8
Fidji 0,8
Îles Salomon 0,5
Nouvelle-Calédonie................. 0,2

Agglomérations les plus peuplées

(en millions d'habitants – 2002)

Sydney (AUSTRALIE) 4,25
Melbourne (AUSTRALIE)......... 3,50
Brisbane (AUSTRALIE) 1,73
Perth (AUSTRALIE) 1,45
Auckland (NOUVELLE-ZÉLANDE) 1,18
Adélaïde (AUSTRALIE) 1,13

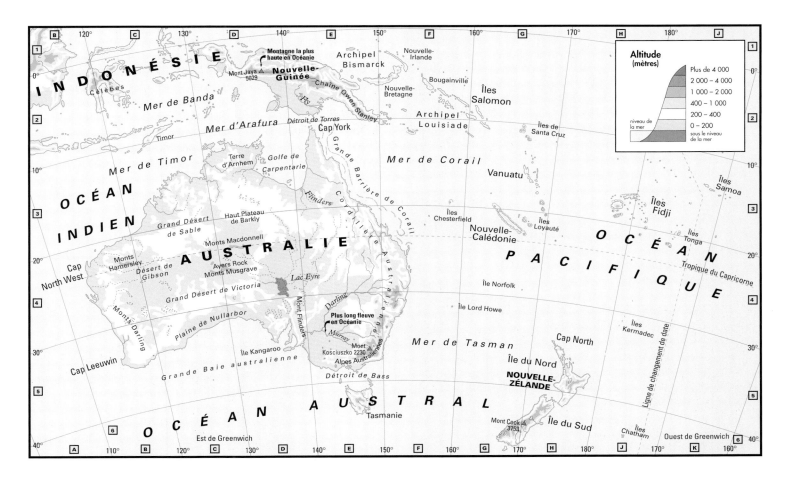

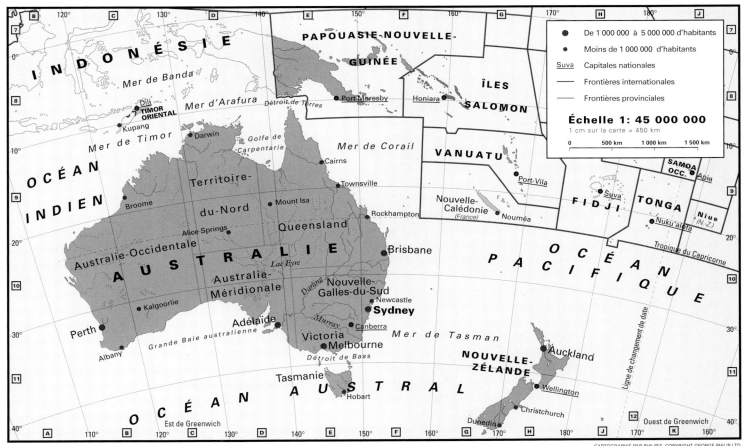

CARTOGRAPHIE PAR PHILIP'S. COPYRIGHT GEORGE PHILIP LTD

Afrique

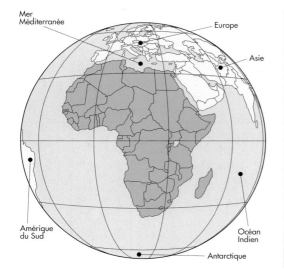

■ *L'Afrique est le deuxième plus grand continent après l'Asie.*

■ *Il y a plus de 50 pays en Afrique, dont certains se caractérisent par une superficie restreinte et une faible densité de population. La population de l'Afrique croît plus rapidement que celle de tous les autres continents.*

■ *On retrouve deux grands types de climat en Afrique : le climat désertique et le climat tropical.*

■ *Le désert du Sahara est le plus grand désert au monde.*

■ *Les plus hautes montagnes couvrent l'est du continent, du nord au sud. Le Grand Rift africain, vieux de 10 à 20 millions d'années, est une vallée volcanique née d'une faille de l'écorce terrestre.*

■ *Les monts Kenya et Kilimandjaro, situés dans cette vallée, sont des exemples d'anciens volcans.*

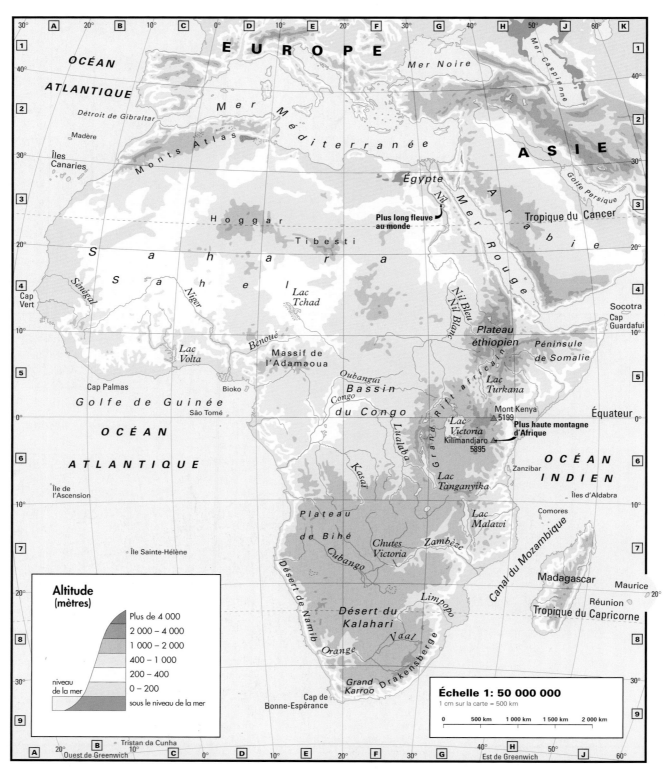

Pays les plus grands – Superficie

(en milliers de km²)

Soudan	2 506
Algérie	2 382
Rép. dém. du Congo	2 345
Libye	1 760
Tchad	1 284
Niger	1 267

Pays les plus peuplés

(en millions d'habitants – 2001)

Nigeria	126,6
Égypte	69,5
Éthiopie	65,9
Rép. dém. du Congo	53,6
Afrique du Sud	43,5
Tanzanie	36,2

Agglomérations les plus peuplées

(en millions d'habitants – 2002)

Le Caire (ÉGYPTE)	15,10
Lagos (NIGERIA)	9,25
Johannesburg (AFRIQUE DU SUD)	7,45
Kinshasa (RÉP. DÉM. DU CONGO)	6,60
Khartoum (SOUDAN)	5,95
Alexandrie (ÉGYPTE)	4,95
Abidjan (CÔTE D'IVOIRE)	3,90

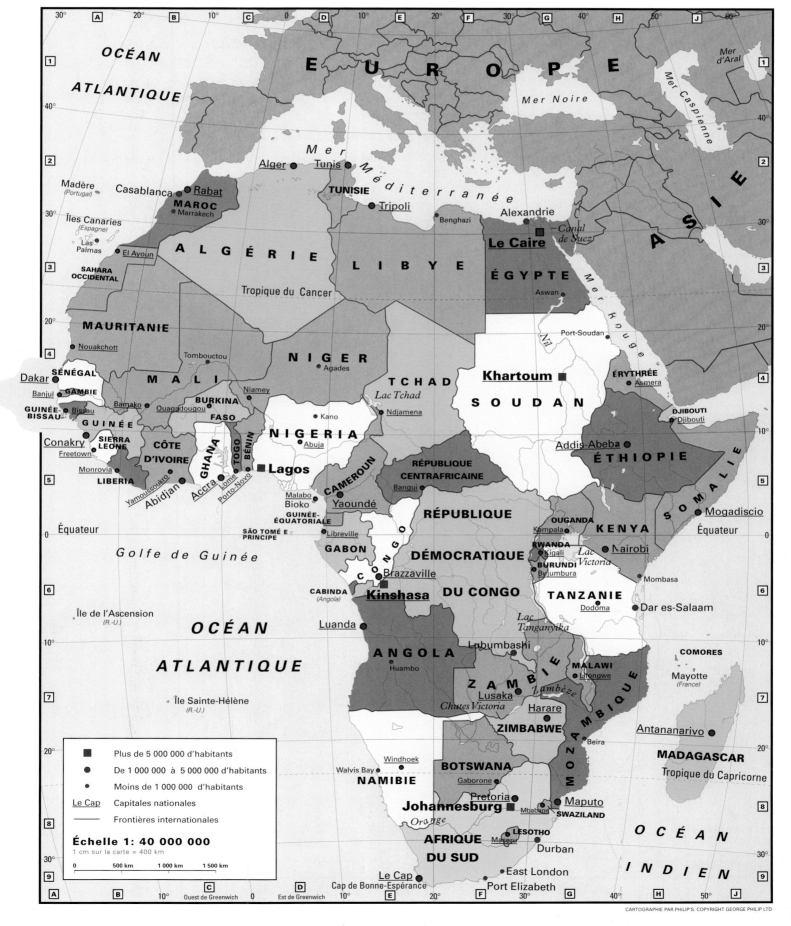

Échelle 1 : 40 000 000
1 cm sur la carte = 400 km

0   500 km   1 000 km   1 500 km

■ Plus de 5 000 000 d'habitants
● De 1 000 000 à 5 000 000 d'habitants
• Moins de 1 000 000 d'habitants
Le Cap Capitales nationales
——— Frontières internationales

CARTOGRAPHIE PAR PHILIP'S. COPYRIGHT GEORGE PHILIP LTD

Europe

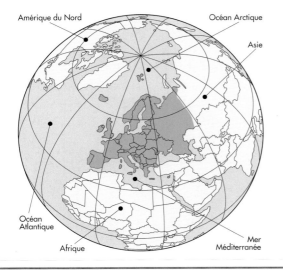

L'Union européenne est une association politique et économique qui favorise une monnaie et un marché communs. Celle-ci, connue autrefois sous le nom de Communauté européenne, a vu le jour en 1993 alors que douze pays, la Belgique, le Danemark, la France, l'Allemagne, la Grèce, l'Irlande, l'Italie, le Luxembourg, les Pays-Bas, le Portugal, l'Espagne et le Royaume-Uni, en devenaient membres. En 1995, trois nouveaux pays, l'Autriche, la Finlande et la Suède, joignaient à leur tour l'organisation. L'Union européenne s'est élargie de nouveau le 1er mai 2004, lorsque dix pays s'y sont ajoutés, soit la République de Chypre, l'Estonie, la Hongrie, la Lettonie, la Lituanie, Malte, la Pologne, la République tchèque, la République slovaque et la Slovénie. En 2004, elle compte donc 25 pays; c'est pour cette raison qu'on l'appelle souvent « l'Europe des 25 ».

■ L'Europe est le deuxième plus petit continent, légèrement plus vaste que l'Océanie. Sa taille représente un cinquième de celle de l'Asie.

■ L'Europe est limitée à l'est par les monts Oural et englobe donc une partie de la Russie.

■ La majeure partie de la Turquie est en Asie. Toutefois, une toute petite partie se trouve en Europe. Elle est située au nord-ouest du pays, du côté européen du détroit du Bosphore.

■ Après l'Asie, l'Europe est le continent ayant la plus forte densité de population. Certains pays d'Europe comptent près de 400 habitants au kilomètre carré.

■ La grande Plaine d'Europe occidentale s'étend de l'océan Atlantique jusqu'aux monts Oural. La majeure partie des meilleures terres agricoles s'y trouvent ainsi que plusieurs villes d'importance.

■ L'Europe est souvent décrite comme la « péninsule des péninsules ». Elle rejoint en effet l'extrémité ouest de l'Asie tout en ayant un littoral très irrégulier, parsemé de petites et de grandes péninsules. Il en résulte que même les régions européennes les plus continentales sont pour la plupart à 480 kilomètres et moins de l'océan Atlantique.

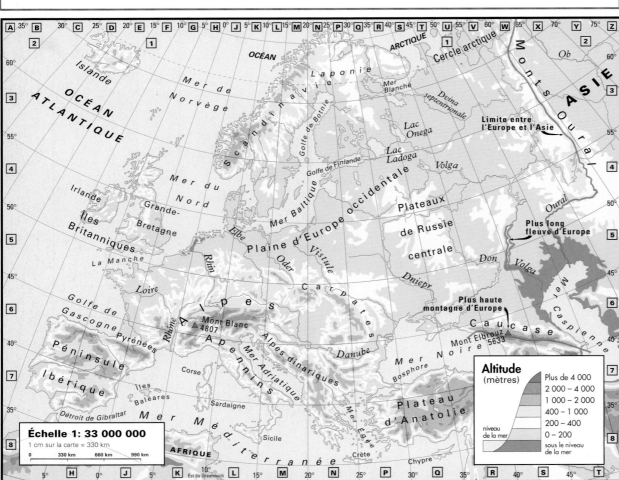

Échelle 1: 33 000 000
1 cm sur la carte = 330 km
0   330 km   660 km   990 km

Altitude (mètres)
Plus de 4 000
2 000 – 4 000
1 000 – 2 000
400 – 1 000
200 – 400
niveau de la mer   0 – 200
sous le niveau de la mer

Pays les plus grands – Superficie	Pays les plus peuplés – Population	Agglomérations les plus peuplées
(en milliers de km²)	(en millions d'habitants – 2001)	(en millions d'habitants – 2002)
Russie (EUROPE et ASIE) 17 075	Russie (EUROPE et ASIE) 145,5	Moscou (RUSSIE) 13,20
Ukraine 604	Allemagne.......................... 83,0	Londres (R.-U.) 11,85
France 552	France 60,0	Istanbul (TURQUIE) 11,00
Espagne 505	Royaume-Uni 59,6	Paris (FRANCE) 9,80
Suède 450	Italie 57,7	Saint-Pétersbourg (RUSSIE) 5,55
Finlande 337	Ukraine 48,8	Madrid (ESPAGNE) 5,15

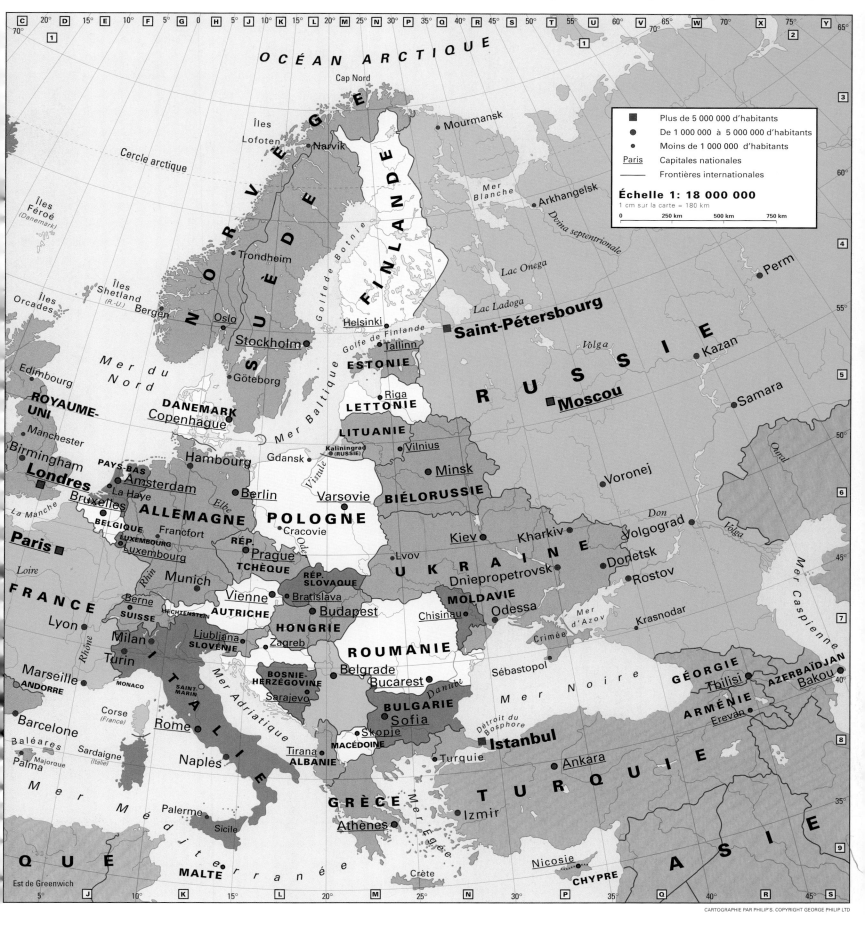

35

Europe de l'Ouest

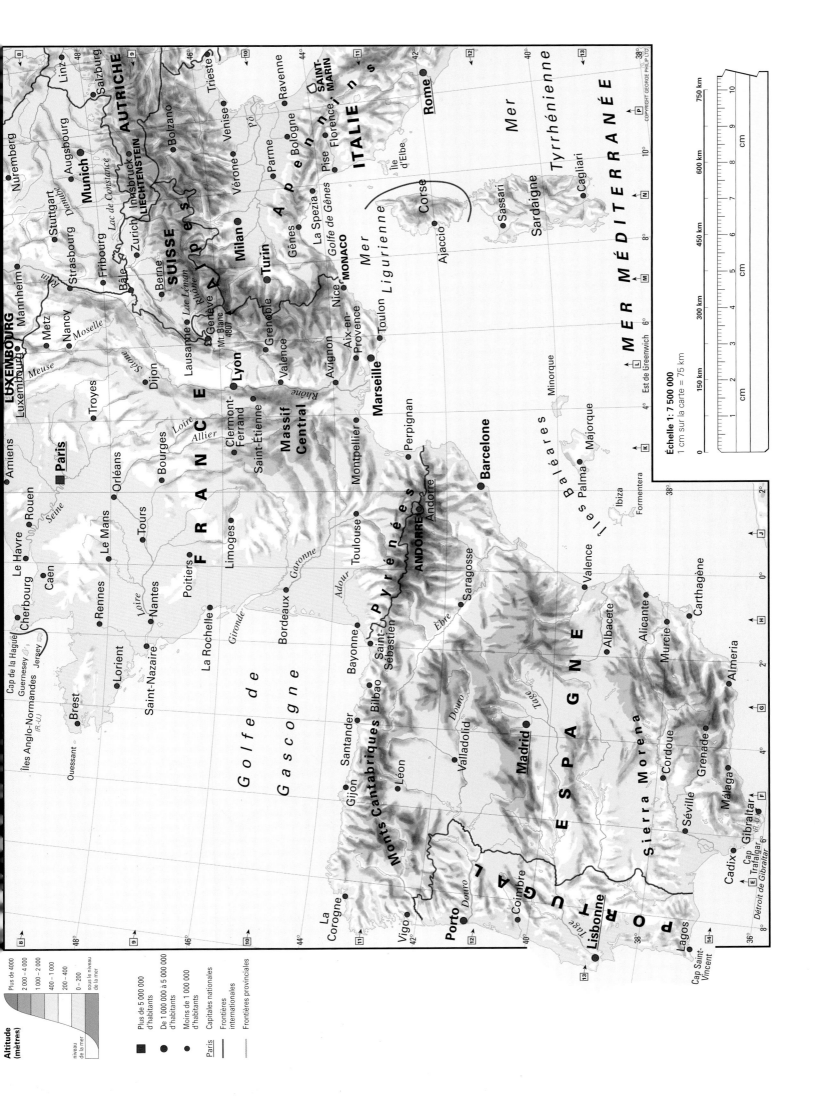

Altitude (mètres)

Plus de 4 000
2 000 – 4 000
1 000 – 2 000
400 – 1 000
200 – 400
0 – 200

niveau de la mer
sous le niveau de la mer

■ Plus de 5 000 000 d'habitants
● De 1 000 000 à 5 000 000 d'habitants
• Moins de 1 000 000 d'habitants

Paris Capitales nationales

——— Frontières internationales

——— Frontières provinciales

Échelle 1 : 7 500 000
1 cm sur la carte = 75 km

0   150 km   300 km   450 km   600 km   750 km

cm   cm   cm   cm

0   1   2   3   4   5   6   7   8   9   10   11

COPYRIGHT GEORGE PHILIP LTD

Nuremberg
Linz
Salzbourg
AUTRICHE
Munich
Augsbourg
Innsbruck
Trieste
Ravenne
Venise
Bolzano
Vérone
Pô
Parme
Bologne
SAINT-MARIN
Pise
Florence
A p e n n i n s
ITALIE
Rome
Île d'Elbe

Stuttgart
Strasbourg
Zurich
Fribourg
LIECHTENSTEIN
Lac de Constance
Danube
SUISSE
Berne
Milan
Gênes
La Spezia
Golfe de Gênes
MONACO

Mannheim
Metz
Nancy
Bâle
Lausanne
Genève
Mt. Blanc 4807
Lac Léman
Rhône
Turin
Nice
Mer Ligurienne

LUXEMBOURG
Luxembourg
Moselle
Meuse
Saône
Dijon
Lyon
Grenoble
Valence
Avignon
Aix-en-Provence
Toulon
Corse
Ajaccio

Rhin

Amiens
Troyes
F R A N C E
Clermont-Ferrand
Saint-Étienne
Massif Central
Marseille
Sassari
Sardaigne
Cagliari
Mer Tyrrhénienne

Rouen
Le Havre
Caen
Paris
Orléans
Bourges
Loire
Allier
Limoges
Montpellier
Perpignan

Cherbourg
Cap de la Hague
Guernesey
Jersey
Îles Anglo-Normandes (R.-U)
Rennes
Le Mans
Tours
Poitiers
Rhône
Mer MÉDITERRANÉE

Ouessant
Brest
Nantes
Saint-Nazaire
La Rochelle
Bordeaux
Garonne
Toulouse
ANDORRE
Andorre
Barcelone
Îles Baléares
Minorque
Majorque
Palma
Ibiza
Formentera

Lorient
Loire
P y r é n é e s
Bayonne
Saint-Sébastien
Adour
Ebre
Saragosse
Valence
Albacete
Alicante

Gironde
Golfe de Gascogne
Bilbao
Santander
Monts Cantabriques
Murcie
Carthagène

La Corogne
Vigo
Gijón
León
Valladolid
Douro
Tage
MADRID
E S P A G N E
Sierra Morena
Cordoue
Grenade
Almería

Porto
Douro
Coimbre
Tage
P O R T U G A L
Lisbonne
Séville
Málaga
Cadix
Cap Trafalgar (R.-U)
Gibraltar (R.-U)
Détroit de Gibraltar

Lagos
Cap Saint-Vincent

Est de Greenwich

37

Europe du Sud

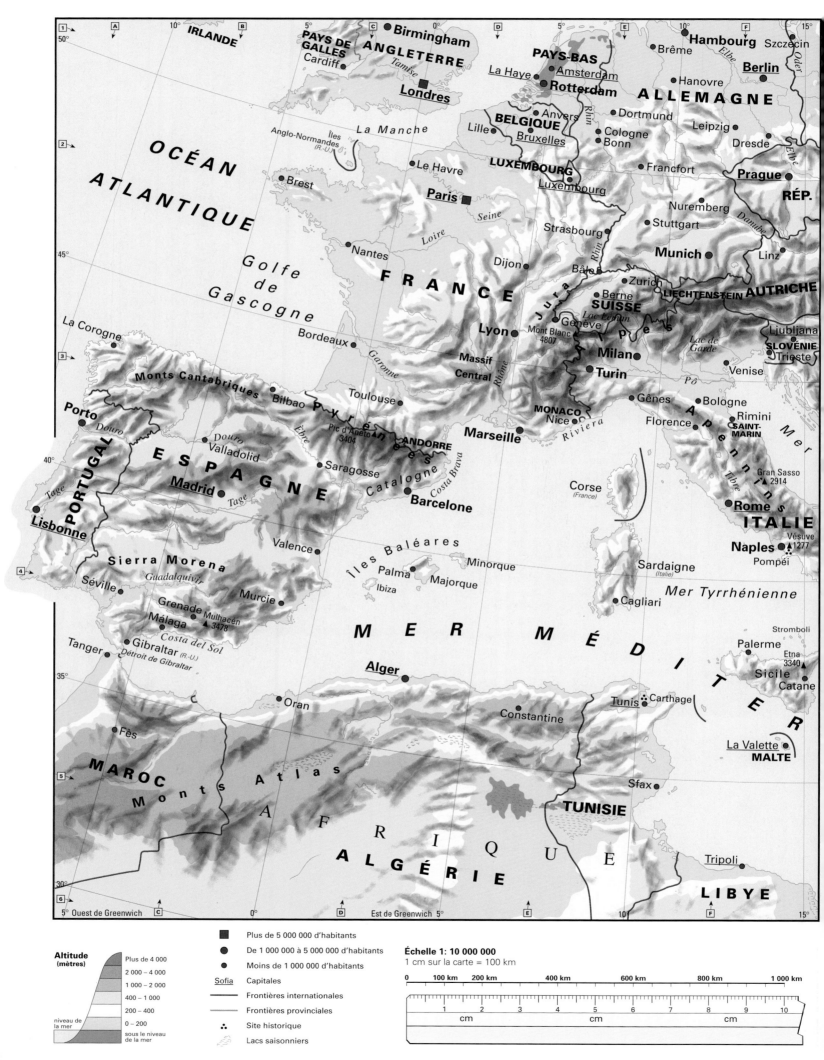

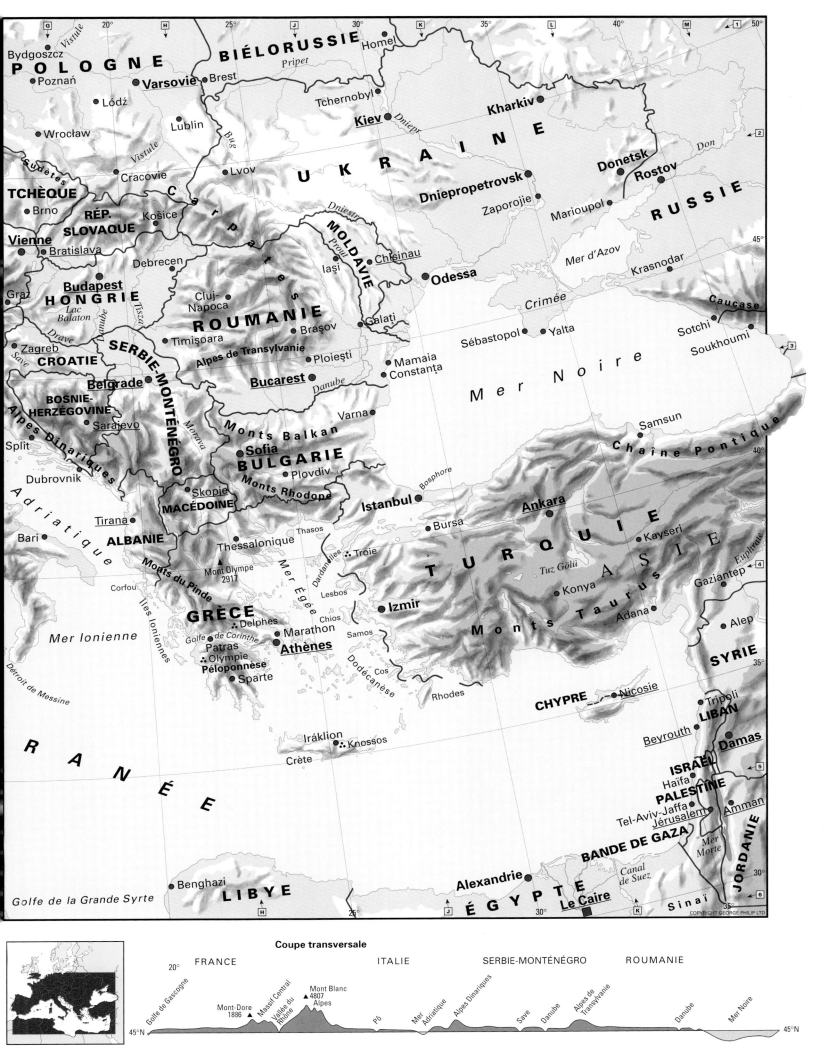

POLOGNE
Bydgoszcz
Poznań
Łódź
Wrocław
Varsovie
Brest
BIÉLORUSSIE
Homel
Pripet
Tchernobyl
Lublin
Cracovie
Lvov
Kiev
Dniepr
Kharkiv
UKRAINE
Dniepropetrovsk
Donetsk
Rostov
Don
RUSSIE
TCHÈQUE
Brno
RÉP.
SLOVAQUE
Košice
Zaporojie
Marioupol
Vienne
Bratislava
Debrecen
MOLDAVIE
Chisinau
Odessa
Mer d'Azov
Krasnodar
Budapest
HONGRIE
Iaşi
Crimée
Caucase
Lac Balaton
Cluj-Napoca
ROUMANIE
Galaţi
Sébastopol
Yalta
Sotchi
Soukhoumi
Graz
Timişoara
Braşov
Drave
Danube
Tisza
Zagreb
CROATIE
SERBIE-MONTÉNÉGRO
Alpes de Transylvanie
Ploieşti
Mamaia
Constanţa
Mer Noire
Save
Belgrade
Bucarest
Danube
BOSNIE-HERZÉGOVINE
Sarajevo
Morava
Varna
Chaîne Pontique
Split
Alpes Dinariques
Monts Balkan
Samsun
Dubrovnik
Sofia
BULGARIE
Plovdiv
Adriatique
Skopje
MACÉDOINE
Monts Rhodope
Bosphore
Istanbul
Ankara
TURQUIE
ASIE
Tirana
ALBANIE
Bursa
Kayseri
Bari
Thessalonique
Thasos
Dardanelles
Troie
Tuz Gölü
Euphrate
Monts du Pinde
Mont Olympe 2917
Lesbos
Konya
Monts Taurus
Gaziantep
Corfou
Mer Égée
Chios
Adana
Alep
GRÈCE
Delphes
Marathon
Samos
Mer Ionienne
Golfe de Corinthe
Patras
Athènes
Dodécanèse
Cos
SYRIE
Olympie
Péloponnèse
Sparte
Rhodes
CHYPRE
Nicosie
Tripoli
LIBAN
Détroit de Messine
Iráklion
Knossos
Beyrouth
Damas
Crète
ISRAËL
Haïfa
PALESTINE
Tel-Aviv-Jaffa
Jérusalem
Amman
BANDE DE GAZA
Mer Morte
JORDANIE
RANÉE
Benghazi
LIBYE
Alexandrie
ÉGYPTE
Le Caire
Canal de Suez
Sinaï
Golfe de la Grande Syrte

COPYRIGHT GEORGE PHILIP LTD

Coupe transversale

FRANCE   ITALIE   SERBIE-MONTÉNÉGRO   ROUMANIE

Golfe de Gascogne
Mont-Dore 1886
Massif Central
Vallée du Rhône
Mont Blanc 4807 Alpes
Pô
Mer Adriatique
Alpes Dinariques
Save
Danube
Alpes de Transylvanie
Danube
Mer Noire
45°N

Russie et Asie du Nord

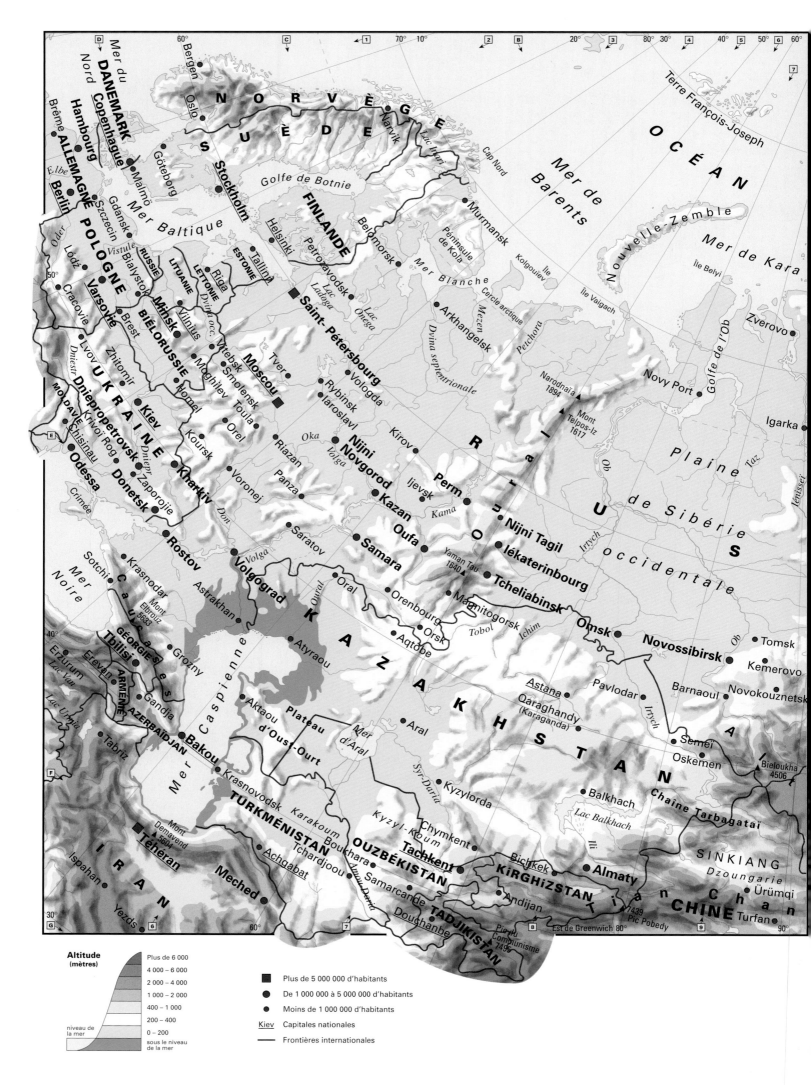

Altitude (mètres)

Plus de 6 000
4 000 – 6 000
2 000 – 4 000
1 000 – 2 000
400 – 1 000
200 – 400
niveau de la mer 0 – 200
sous le niveau de la mer

■ Plus de 5 000 000 d'habitants
● De 1 000 000 à 5 000 000 d'habitants
• Moins de 1 000 000 d'habitants

<u>Kiev</u> Capitales nationales

—— Frontières internationales

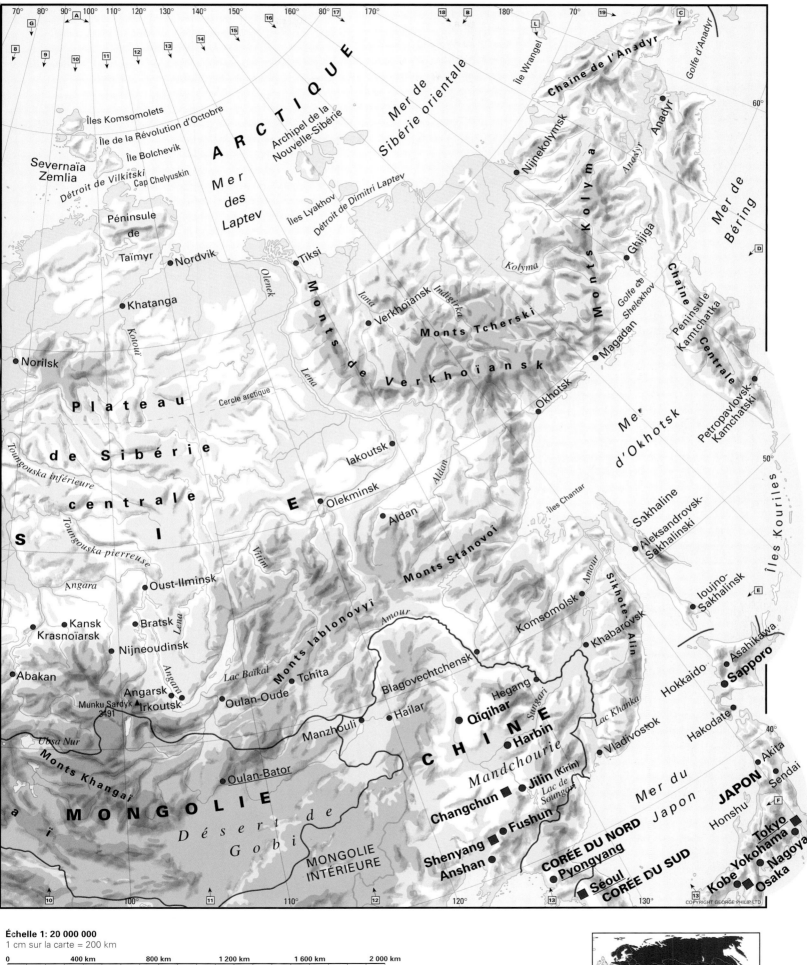

A R C T I Q U E

Mer de Sibérie orientale

Mer des Laptev

Îles Komsomolets
Île de la Révolution d'Octobre
Île Bolchevik
Severnaïa Zemlia
Détroit de Vilkitski
Cap Chelyuskin

Archipel de la Nouvelle-Sibérie

Îles Lyakhov
Détroit de Dimitri Laptev

Île Wrangel

Chaîne de l'Anadyr

Golfe d'Anadyr

Anadyr

Mer de Béring

Péninsule de Taïmyr

Nordvik
Tiksi
Nijnekolymsk

Monts Kolyma

Ghijiga

Golfe de Shelekhov

Chaîne Centrale

Péninsule Kamtchatka

Khatanga

Olenek
Kotouï
Iana
Verkhoïansk
Indigirka
Monts Tcherski
Kolyma
Magadan
Okhotsk

Norilsk

Lena
Monts de Verkhoïansk

Mer d'Okhotsk

Petropavlovsk-Kamchatski

Plateau de Sibérie centrale

Cercle arctique

Iakoutsk
Aldan
Olekminsk
Aldan

Îles Chantar

Sakhaline
Aleksandrovsk-Sakhalinski

Îles Kouriles

Tounglouska inférieure

S I B É R I E

Tounglouska pierreuse
Angara

Monts Stanovoi

Ioujno-Sakhalinsk

Oust-Ilminsk

Vitim

Amour

Komsomolsk

Sikhote-Alin

Khabarovsk

Kansk
Krasnoïarsk
Bratsk
Lena
Nijneoudinsk

Hokkaido
Asahikawa
Sapporo

Abakan

Lac Baïkal
Monts Iablonovyï

Blagovechtchensk

Amour
Hegang

Lac Khanka

Hakodate

Angarsk
Irkoutsk
Munku Sardyk 3491
Angara
Oulan-Oude
Tchita
Hailar
Manzhouli

Qiqihar
Sunsari
Harbin

Vladivostok

Oubsa Nur

Monts Khangaï

Oulan-Bator

CHINE
Mandchourie

Mer du Japon

JAPON
Akita
Sendai

MONGOLIE

Désert de Gobi

Jilin (Kirin)
Lac de Soungari
Changchun
Fushun

Honshu

Tokyo
Yokohama
Nagoya

MONGOLIE INTÉRIEURE

Shenyang
Anshan

CORÉE DU NORD
Pyongyang

CORÉE DU SUD
Séoul

Kobe
Osaka

COPYRIGHT GEORGE PHILIP LTD

Échelle 1: 20 000 000
1 cm sur la carte = 200 km

| 0 | 400 km | 800 km | 1 200 km | 1 600 km | 2 000 km |

cm   cm   cm

41

Asie

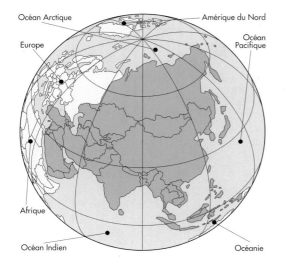

L'Asie s'étend de l'Europe (Monts Oural) à l'ouest, jusqu'à l'océan Pacifique, à l'est. Au nord, la plus grande partie de sa côte se trouve en région polaire, au-delà du cercle arctique. Au sud, l'Asie englobe des régions tropicales de l'équateur. On trouve donc des climats et des écosystèmes fort différents dans ce seul continent.

■ L'Asie est le plus vaste continent. Il est deux fois plus grand que l'Amérique du Nord.

■ C'est un continent qui comprend de longs fleuves et des mers intérieures. Plusieurs fleuves d'Asie sont beaucoup plus longs que les plus longs fleuves d'Europe.

■ Plus de la moitié de la population mondiale habite l'Asie. Les régions côtières du sud et de l'est sont les plus populeuses.

■ Parmi les dix pays du monde qui comptent le plus grand nombre d'habitants, sept sont situés en Asie : la Chine, l'Inde, l'Indonésie, la Russie, le Japon, le Pakistan et le Bangladesh.

■ Le plus haut sommet et la plus profonde dépression au monde se trouvent en Asie. Les rives de la mer Morte sont à 395 mètres au-dessous du niveau de la mer. Le mont Everest, dans l'Himalaya, s'élève à 8 848 mètres.

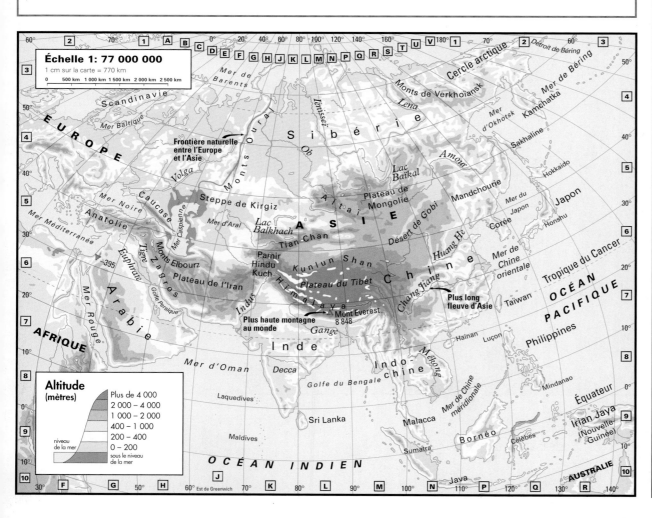

Pays les plus grands – Superficie	Pays les plus peuplés	Agglomérations les plus peuplées
(en milliers de km²)	*(en millions d'habitants – 2001)*	*(en millions d'habitants – 2002)*
Russie (EUROPE et ASIE) 17 075	Chine 1 273,1	Tokyo (JAPON) 34,90
Chine 9 597	Inde...............................1 030,0	Séoul (CORÉE DU SUD) 21,15
Inde 3 288	Indonésie.........................228,4	Bombay/Mumbai (INDE) 18,15
Kazakstan 2 717	Russie (EUROPE et ASIE) 145,5	Osaka (JAPON)....................18,00
Arabie Saoudite 2 150	Pakistan..........................144,6	Delhi (INDE) 17,15
Indonésie........................1 904	Japon..............................126,8	Jakarta (INDONÉSIE)..............15,85

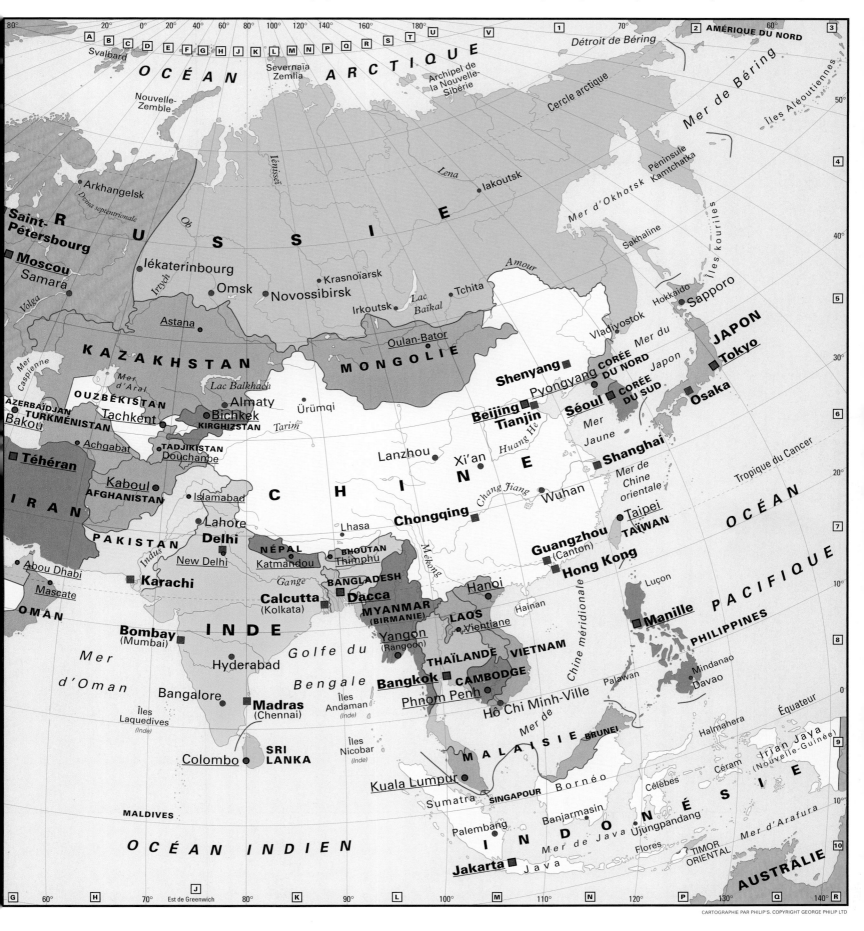

Asie du Sud

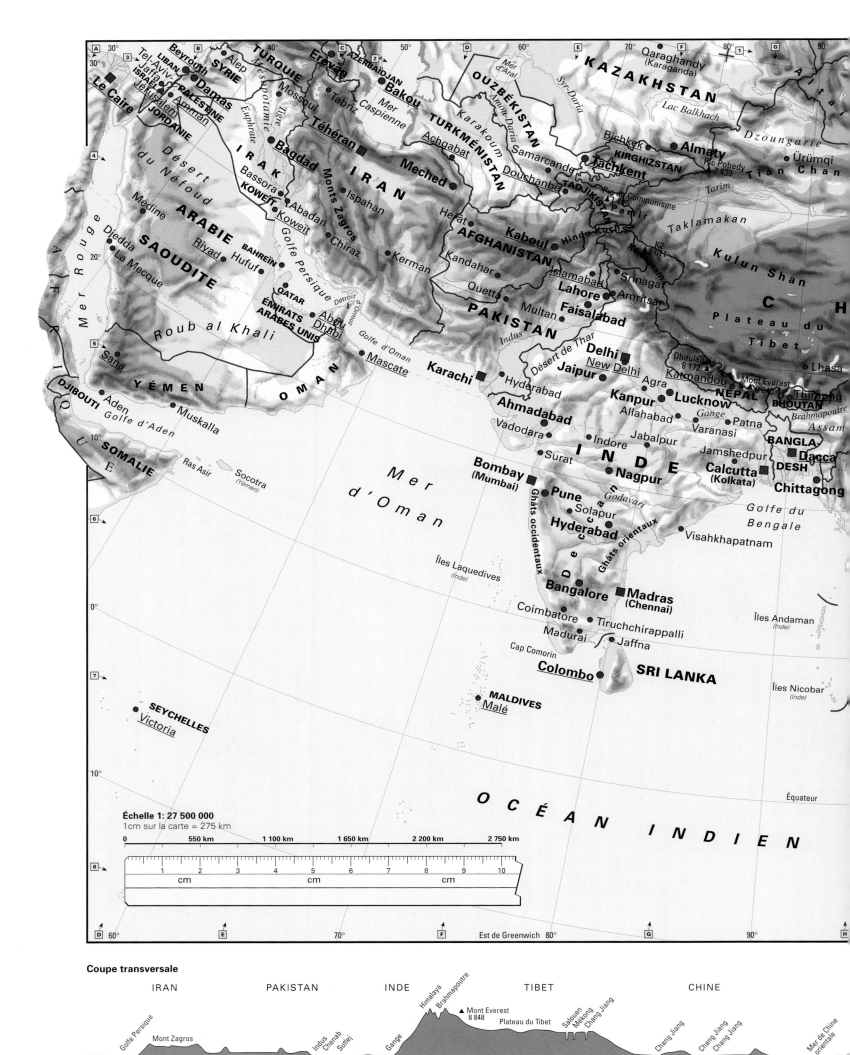

Coupe transversale

Échelle 1: 27 500 000
1cm sur la carte = 275 km

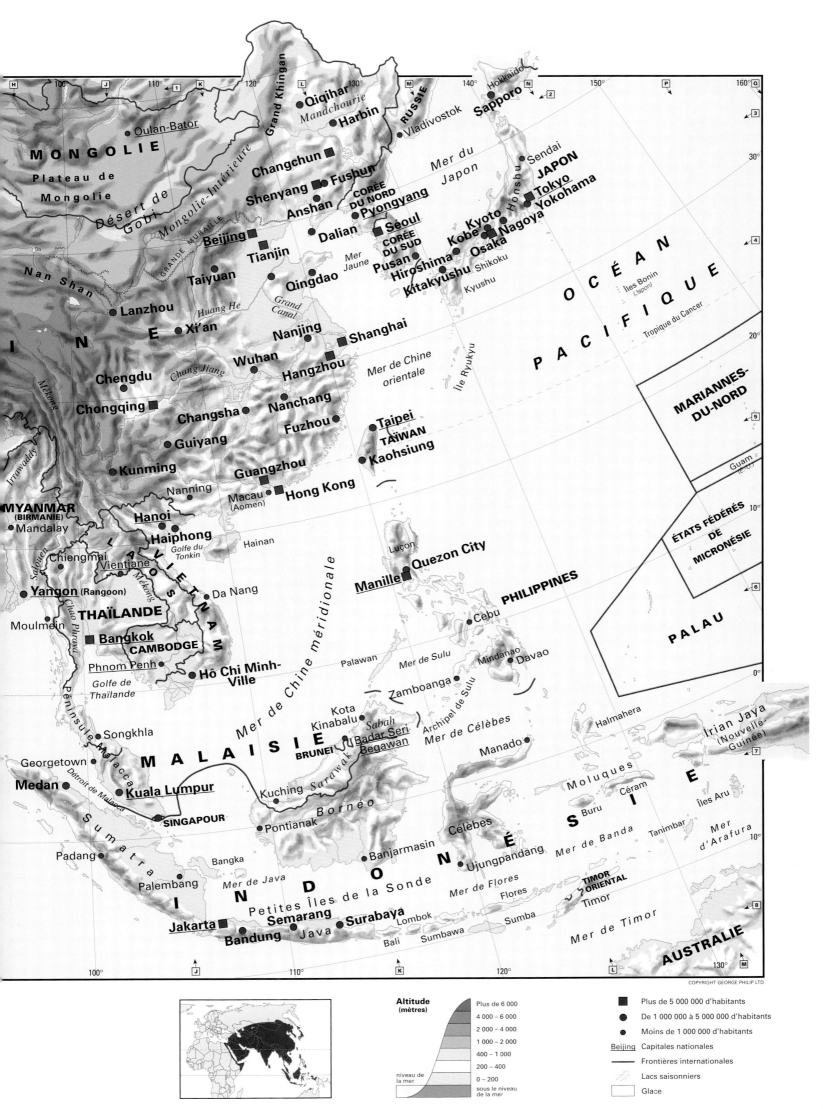

MONGOLIE
Plateau de Mongolie
Désert de Gobi
Oulan-Bator

Qiqihar
Mandchourie
Harbin
Grand Khingan

RUSSIE
Vladivostok
Sapporo
Hokkaido

Mer du Japon

Changchun
Shenyang Fushun
Anshan
CORÉE DU NORD
Pyongyang

Honshu
Sendai
JAPON
Tokyo
Yokohama

Mongolie-Intérieure
Beijing
Tianjin
Dalian
Séoul
CORÉE DU SUD
Pusan
Hiroshima
Kitakyushu
Kyoto
Kobe
Osaka
Nagoya
Shikoku
Kyushu

GRANDE MURAILLE

Taiyuan
Qingdao
Mer Jaune

Nan Shan
Lanzhou
Huang He
Xi'an
Grand Canal
Nanjing
Shanghai

Îles Bonin (Japon)
Tropique du Cancer

OCÉAN PACIFIQUE

Chang Jiang
Chengdu
Wuhan
Hangzhou

Mer de Chine orientale

Mékong
Chongqing
Changsha
Nanchang
Fuzhou
Guiyang
Île Ryukyu

MARIANNES-DU-NORD

Irrawaddy
Kunming
Guangzhou
Nanning
Macau (Aomen)
Hong Kong

Taipei
TAÏWAN
Kaohsiung

Guam (É.-U.)

MYANMAR (BIRMANIE)
Mandalay
Hanoi
Haiphong
Golfe du Tonkin
Hainan

ÉTATS FÉDÉRÉS DE MICRONÉSIE

Saloune
Chiengmai
Vientiane
LAOS
VIETNAM
Da Nang
Luçon
Quezon City
Manille

Chao Phraya
Yangon (Rangoon)
THAÏLANDE
PHILIPPINES
Cebu

Moulmein
Bangkok
CAMBODGE
Phnom Penh
Hô Chi Minh-Ville
Golfe de Thaïlande

Mer de Chine méridionale
Palawan
Mer de Sulu
Mindanao
Davao

PALAU

Péninsule de Malacca
Songkhla
Zamboanga
Archipel de Sulu
Mer de Célèbes
Halmahera

Irian Jaya (Nouvelle-Guinée)

Georgetown
MALAISIE
Kota Kinabalu
Sabah
Badar Seri Begawan
BRUNEI
Sarawak
Manado

Medan
Détroit de Malacca
Kuala Lumpur
Kuching
Borneo
Moluques
Céram
Îles Aru

Sumatra
SINGAPOUR
Pontianak
Célèbes
Buru
Mer de Banda
Tanimbar
Mer d'Arafura

Padang
Bangka
Banjarmasin
Ujungpandang
Sumba

INDONÉSIE
Palembang
Mer de Java
Semarang
Surabaya
Petites Îles de la Sonde
Mer de Flores
Flores
TIMOR ORIENTAL
Timor
Mer de Timor

Jakarta
Bandung
Java
Bali
Sumbawa
Lombok

AUSTRALIE

COPYRIGHT GEORGE PHILIP LTD

Altitude (mètres)
Plus de 6 000
4 000 – 6 000
2 000 – 4 000
1 000 – 2 000
400 – 1 000
200 – 400
niveau de la mer
0 – 200
sous le niveau de la mer

Plus de 5 000 000 d'habitants
De 1 000 000 à 5 000 000 d'habitants
Moins de 1 000 000 d'habitants
Beijing Capitales nationales
Frontières internationales
Lacs saisonniers
Glace

45

Japon

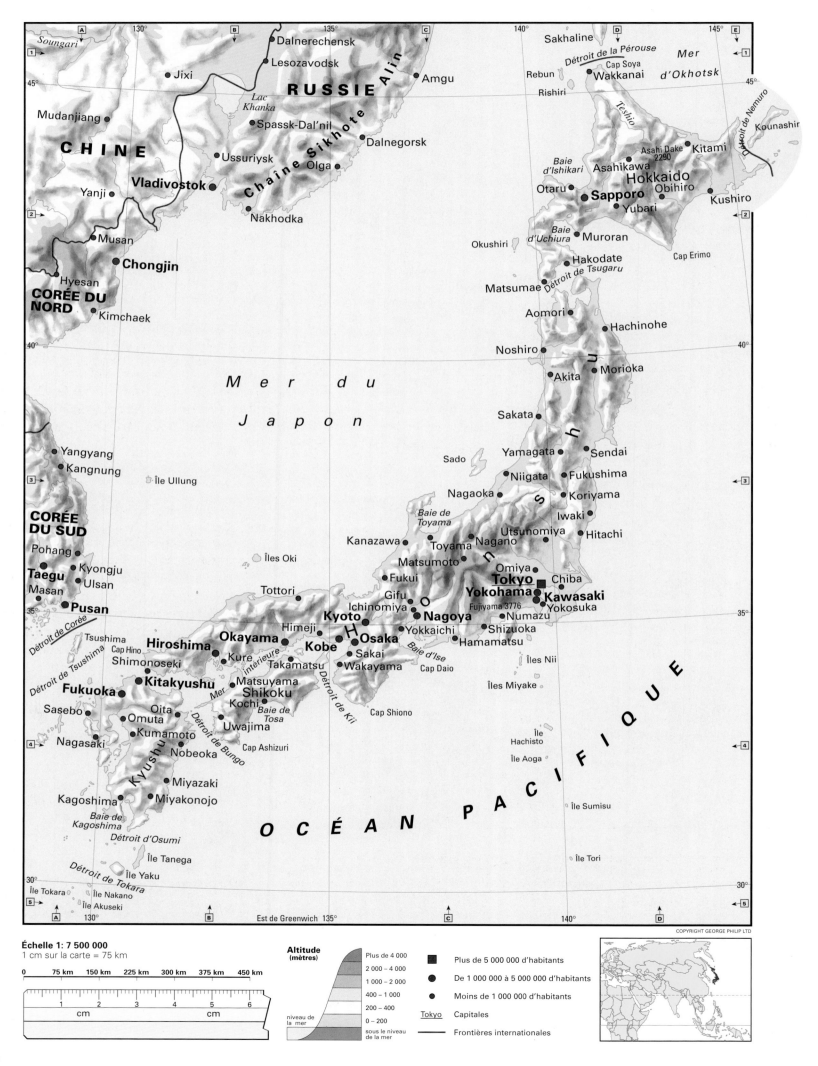

Régions polaires

Les régions polaires comprennent les lieux situés à proximité du pôle Nord et du pôle Sud. Les régions autour du pôle Nord forment l'**Arctique**, qui se compose principalement d'une banquise dérivante flottant dans l'océan Arctique.

Les régions autour du pôle Sud forment l'**Antarctique**, une masse continentale dont la majeure partie est entièrement couverte d'une calotte glaciaire pouvant atteindre jusqu'à 3 000 mètres d'épaisseur en certains endroits. L'Antarctique est un continent formé par cette masse continentale. Des blocs de glace se détachent en périphérie pour former des icebergs qui flottent vers la mer.

Comme ces régions sont à une grande distance de l'équateur, l'Arctique et l'Antarctique profitent du rayonnement solaire pendant environ six mois de l'année. Ces deux endroits font partie des lieux les plus froids sur Terre. La température la plus basse jamais enregistrée sur Terre, – 89 °C, l'a été en Antarctique en 1983.

Légende

- Agglomérations
- **Reykjavik** Capitale nationale
- *(Japon)* Centre de recherche scientifique
- Coupe transversale
- Terre couverte de glace
- Glace toujours immergée
- Glaces flottantes

Échelle
1: 108 000 000
1 cm sur la carte = 1 080 kilomètres

0   1 000 km   2 000 km

L'échelle n'est valable qu'à partir du centre de la carte.

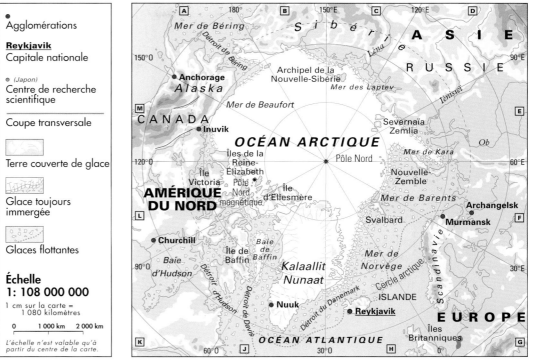

Certaines régions d'Amérique du Nord, d'Asie et de l'Europe du Nord bordent le cercle arctique. L'environnement ne peut qu'assurer la subsistance aux autochtones de ces régions. Le développement des ressources minérales de la région arctique commence à influer sur le mode de vie des peuples qui y vivent.

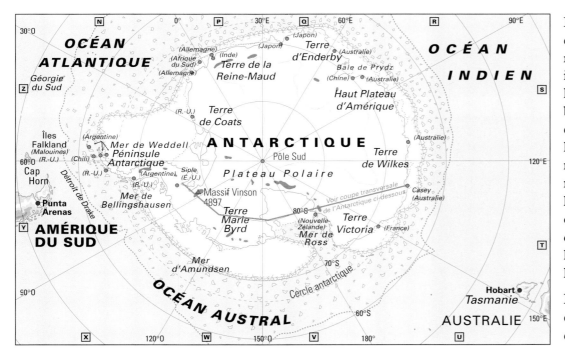

Il n'y a jamais eu de peuplement permanent en Antarctique, quoique des centres de recherche scientifique ont commencé à s'y installer vers 1945. Le Traité sur l'Antarctique, signé en 1959, avait pour but de n'utiliser le continent non habité qu'à des fins pacifiques. Le Traité bannissait les activités militaires, les armements nucléaires ou l'évacuation des déchets radioactifs. Il interdisait également à toutes les nations toute revendication sur le continent. Il fut renforcé en 1991 par la démilitarisation, le respect de l'environnement et l'interdiction d'exploiter le sous-sol.

La pêche, principalement à la baleine et au krill, se pratique dans les eaux entourant le continent.

Le diagramme ci-dessous montre une coupe transversale de l'Antarctique entre deux des centres de recherche scientifique, Siple et Casey. Le diagramme illustre l'épaisseur de la glace de la calotte glaciaire.

CARTOGRAPHIE PAR PHILIP'S. COPYRIGHT GEORGE PHILIP LTD

Images satellites

◄ **Californie, États-Unis** – Cette image satellite illustre divers reliefs à l'intérieur d'une région de faible superficie de la Californie, près de la baie de San Francisco. Ces divers reliefs résultent du terrain varié et du climat dans cette partie des États-Unis. Les montagnes de la Sierra Nevada apparaissent en rouge dans le coin supérieur droit alors que la vallée centrale fertile forme un échiquier entre les montagnes et la côte boisée.

▼ **Les Alpes, Europe** – Les plus hautes montagnes d'Europe apparaissent en blanc sur cette photo et contrastent avec les vallées glaciaires, en vert.

▲ **Bangkok, Thaïlande** – Tu peux voir comment cette ville d'Asie, avec sa population en croissance rapide, s'est étalée le long des routes principales conduisant vers les campagnes avoisinantes.

◄ **Le delta du Nil, Égypte** – Grâce à cette image satellite, il est facile de constater que l'Égypte dépend du Nil. Presque tous les Égyptiens vivent dans la région fertile verte.

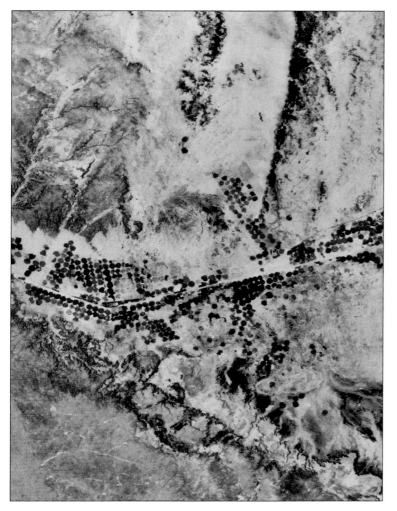

▶ **Inondations à Winnipeg, Canada –** Vers la fin du printemps, en 1997, des inondations records de la rivière Rouge ont tenu en haleine les équipes canadiennes d'intervention d'urgence. Grâce à des images de télédétection comme celle de droite, les autorités ont été capables de surveiller l'avancement des eaux depuis les États-Unis jusqu'au Canada. Les données obtenues peuvent maintenant être utilisées pour améliorer les modèles prédictifs d'inondation.

◀ **Irrigation en Arabie Saoudite –** Les déserts manquent d'eau et des technologies particulières sont souvent nécessaires pour l'extraire du sol. Ce processus est coûteux mais des pays riches grâce au pétrole comme l'Arabie Saoudite possèdent les ressources financières pour le développement de leurs terres. Les cercles rouges désignent les terres agricoles irriguées qui offrent un contraste frappant avec le désert stérile.

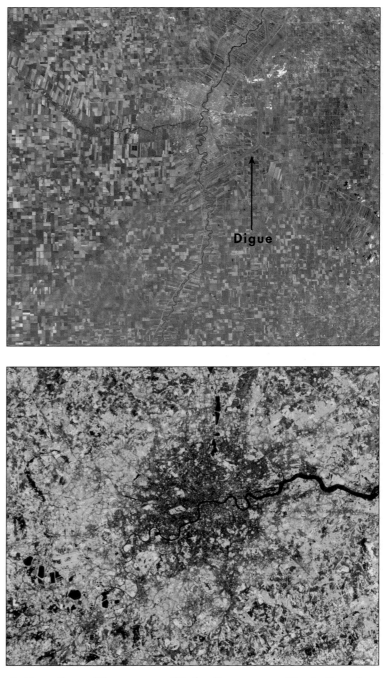

Digue

▲ **Les Grands Lacs, Canada –** Les cinq Grands Lacs de l'Amérique du Nord sont reliés à l'océan Atlantique par le fleuve Saint-Laurent, qui se jette dans le golfe du Saint-Laurent.

▲ **Londres, Royaume-Uni –** Le centre-ville de Londres est illustré par la région bleu foncé au centre de l'image.

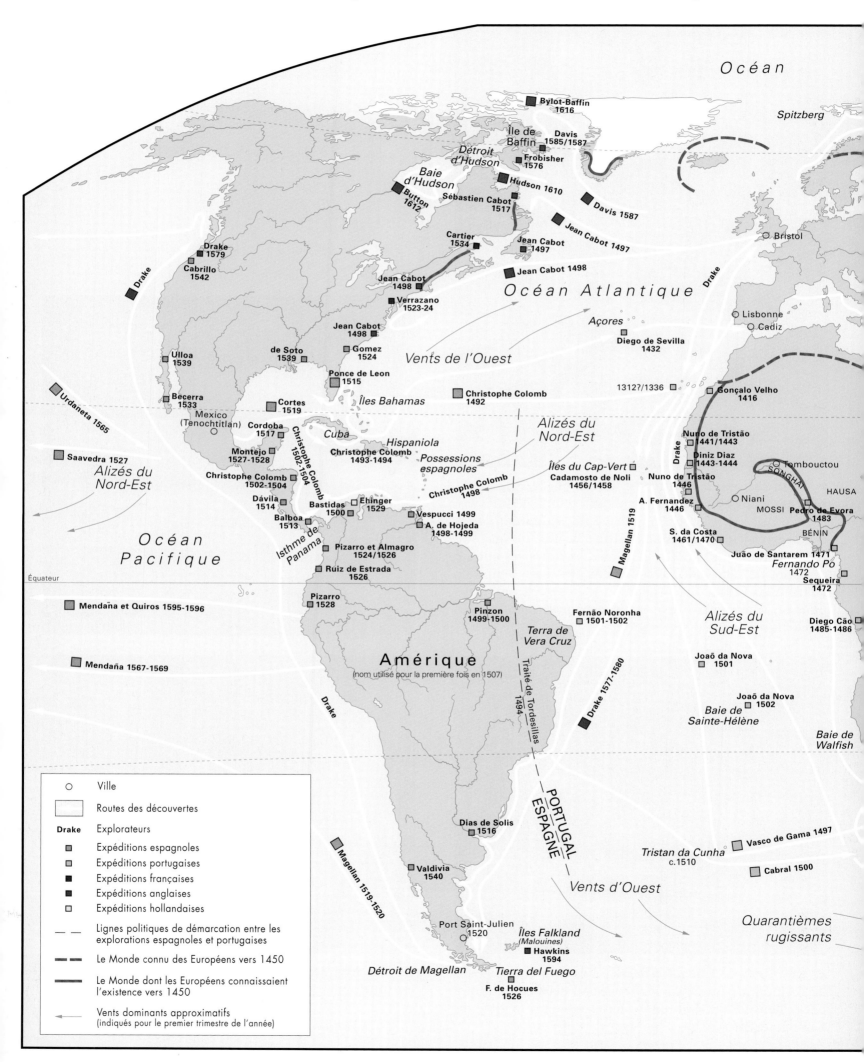

Océan

Spitzberg

Bylot-Baffin
1616

Île de Baffin
Davis
1585/1587

Détroit d'Hudson
Frobisher
1576

Baie d'Hudson
Hudson 1610

Button
1612
Sébastien Cabot
1517
Davis 1587

Jean Cabot 1497

Cartier
1534
Jean Cabot
1497

○ Bristol

Drake
1579
Jean Cabot 1498

Cabrillo
1542
Océan Atlantique
Drake

Jean Cabot
1498
Verrazano
1523-24

○ Lisbonne
○ Cadiz

Açores

Jean Cabot
1498
Diego de Sevilla
1432

Vents de l'Ouest

Ulloa
1539
de Soto
1539
Gomez
1524
1312?/1336
Gonçalo Velho
1416

Ponce de Leon
1515
Îles Bahamas
Christophe Colomb
1492

Becerra
1533
Cordoba
1517
Cuba
Hispaniola
Christophe Colomb
1493-1494
Alizés du Nord-Est
Nuno de Tristão
1441/1443

Mexico
(Tenochtitlan) ○
Drake
Diniz Diaz
1443-1444

Urdaneta 1565
Alizés du Nord-Est

Saavedra 1527
Montejo
1527-1528
Christophe Colomb
1502-1504
Possessions espagnoles
Christophe Colomb
1498
Îles du Cap-Vert
Cadamosto de Noli
1456/1458
Nuno de Tristão
1446
○ Tombouctou
SONGHAÏ

Christophe Colomb
1502-1504
Dávila
1514
Bastidas
1500
Ehinger
1529
A. Fernandez
1446
○ Niani
HAUSA

Balboa
1513
Vespucci 1499
A. de Hojeda
1498-1499
MOSSI
Pedro de Evora
1483

Isthme de Panama
Pizarro et Almagro
1524/1526
S. da Costa
1461/1470
BÉNIN

Océan Pacifique
Ruiz de Estrada
1526
Juão de Santarem 1471
Fernando Po
1472

Équateur
Pizarro
1528
Magellan 1519
Alizés du Sud-Est
Sequeira
1472

Mendaña et Quiros 1595-1596
Pinzon
1499-1500
Fernão Noronha
1501-1502
Diego Cão
1485-1486

Terra de Vera Cruz

Mendaña 1567-1569
Amérique
(nom utilisé pour la première fois en 1507)
Drake
Traité de Tordesillas 1494
João da Nova
1501

João da Nova
1502
Baie de Sainte-Hélène

Drake 1577-1580

Baie de Walfish

Légende

○ Ville

▢ Routes des découvertes

Drake Explorateurs

▪ Expéditions espagnoles

▫ Expéditions portugaises

◾ Expéditions françaises

◼ Expéditions anglaises

▫ Expéditions hollandaises

– – – Lignes politiques de démarcation entre les explorations espagnoles et portugaises

▬ ▬ ▬ Le Monde connu des Européens vers 1450

▬▬▬ Le Monde dont les Européens connaissaient l'existence vers 1450

→ Vents dominants approximatifs
(indiqués pour le premier trimestre de l'année)

Dias de Solis
1516

PORTUGAL
ESPAGNE

Vasco de Gama 1497

Tristan da Cunha
c.1510

Cabral 1500

Magellan 1519-1520
Valdivia
1540

Vents d'Ouest

Quarantièmes rugissants

Port Saint-Julien
1520
Îles Falkland (Malouines)

Hawkins
1594

Détroit de Magellan
Tierra del Fuego

F. de Hocues
1526

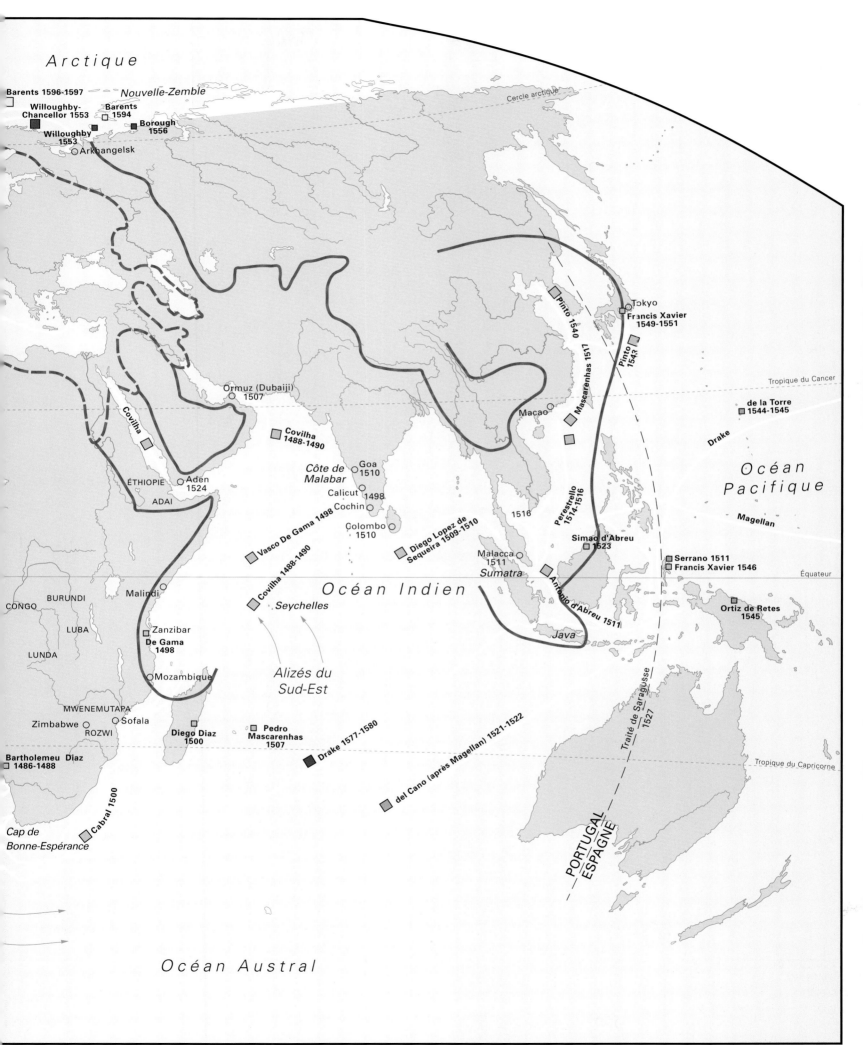

Arctique

Barents 1596-1597   Nouvelle-Zemble
Willoughby-
Chancellor 1553   Barents
                      1594
Willoughby   Borough
1553   1556
         Arkhangelsk

Cercle arctique

Ormuz (Dubaiji)
1507

Covilha   Covilha
                 1488-1490

Tropique du Cancer

Pinto 1540   Tokyo
              Francis Xavier
              1549-1551

Mascarenhas 1517

Pinto
1543?

de la Torre
1544-1545

Macao

Drake

ÉTHIOPIE   Aden
            1524
ADAI

Côte de   Goa
Malabar   1510
          Calicut
               1498
          Cochin

Océan
Pacifique

Magellan

Perestrello
1514-1516

1516

Colombo
1510

Vasco De Gama 1498

Simao d'Abreu
1523

Diego Lopez de
Sequeira 1509-1510

Malacca
1511
Sumatra

Antonio d'Abreu 1511

Serrano 1511
Francis Xavier 1546

Équateur

Covilha 1488-1490

Océan Indien

CONGO   BURUNDI
              Malindi

LUBA

Seychelles

Java

Ortiz de Retes
1545

LUNDA
         Zanzibar
De Gama
1498

Mozambique

Alizés du
Sud-Est

MWENEMUTAPA
Zimbabwe   Sofala
ROZWI
                Diego Diaz   Pedro
                1500   Mascarenhas
                              1507

Drake 1577-1580

del Cano (après Magellan) 1521-1522

Traité de Saragosse
1527

Tropique du Capricorne

Bartholemeu Diaz
1486-1488

Cabral 1500

Cap de
Bonne-Espérance

PORTUGAL
ESPAGNE

Océan Austral

Fuseaux horaires

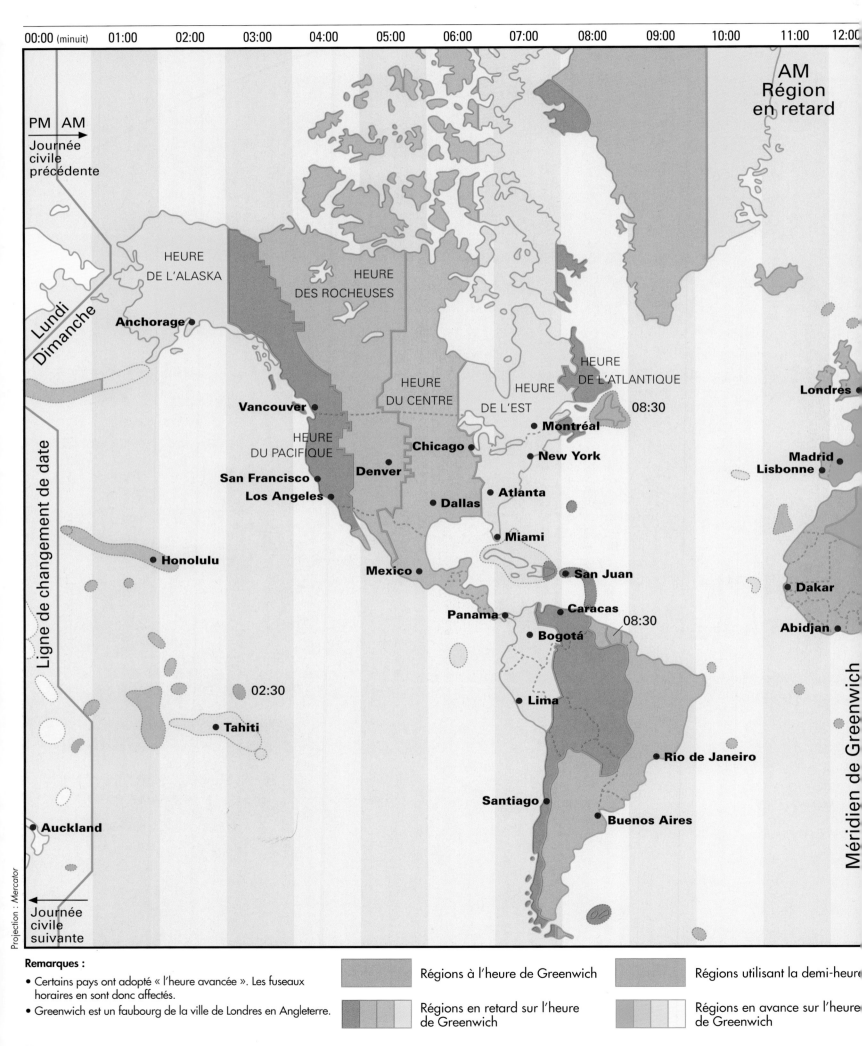

00:00 (minuit)   01:00   02:00   03:00   04:00   05:00   06:00   07:00   08:00   09:00   10:00   11:00   12:00

AM
Région
en retard

PM | AM
Journée
civile
précédente

Lundi
Dimanche

Ligne de changement de date

Journée
civile
suivante

HEURE
DE L'ALASKA

HEURE
DES ROCHEUSES

Anchorage

HEURE
DE L'ATLANTIQUE

Londres

HEURE
DU CENTRE

HEURE
DE L'EST

Vancouver

08:30

Montréal

HEURE
DU PACIFIQUE

Chicago

New York

Madrid
Lisbonne

Denver

San Francisco

Atlanta

Los Angeles

Dallas

Honolulu

Miami

Mexico

San Juan

Dakar

Panama

Caracas

08:30

Abidjan

Bogotá

02:30

Lima

Tahiti

Rio de Janeiro

Santiago

Auckland

Buenos Aires

Méridien de Greenwich

Projection : Mercator

Remarques :

- Certains pays ont adopté « l'heure avancée ». Les fuseaux horaires en sont donc affectés.
- Greenwich est un faubourg de la ville de Londres en Angleterre.

Régions à l'heure de Greenwich

Régions utilisant la demi-heure

Régions en retard sur l'heure de Greenwich

Régions en avance sur l'heure de Greenwich

La Terre fait une rotation de 360° en 24 heures et se déplace donc de 15° par heure. La Terre est divisée en 24 fuseaux horaires situés chacun le long d'un méridien (ligne de longitude) à un intervalle de 15°. Le méridien de Greenwich représente le premier fuseau horaire. Toutes les régions à l'ouest de Greenwich ont une heure de retard pour chaque 15° de longitude. Toutes celles à l'est de Greenwich ont une heure d'avance pour chaque 15°.

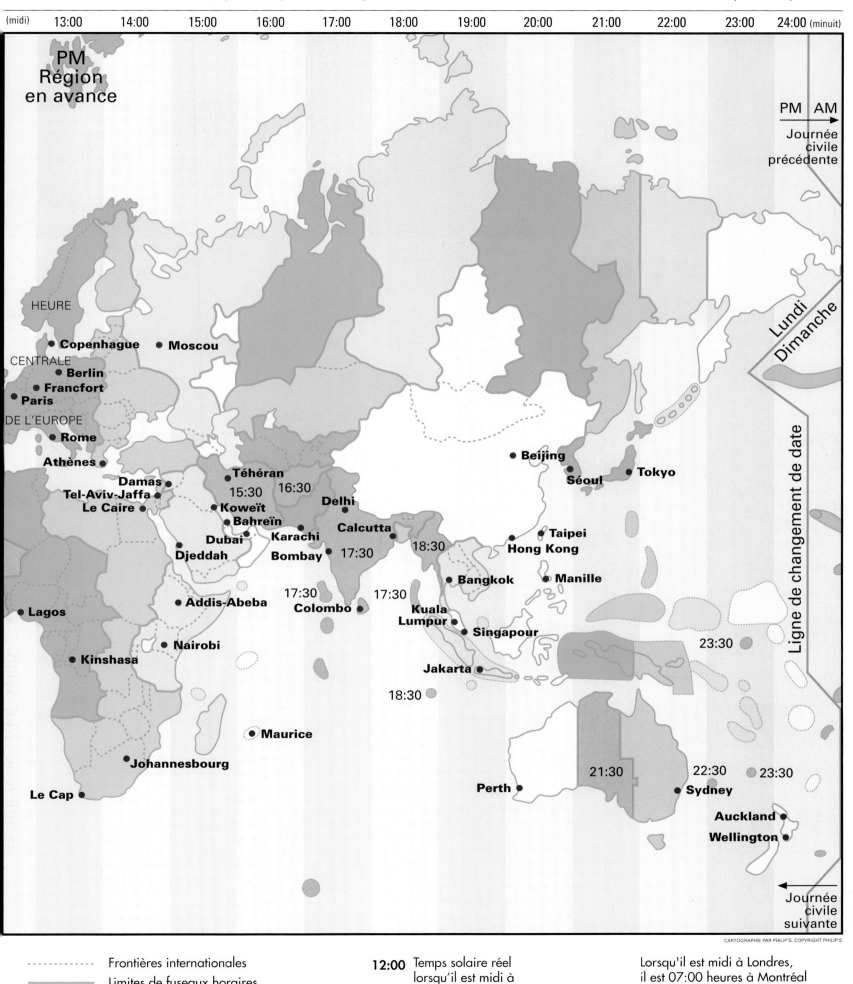

| (midi) | 13:00 | 14:00 | 15:00 | 16:00 | 17:00 | 18:00 | 19:00 | 20:00 | 21:00 | 22:00 | 23:00 | 24:00 (minuit) |

PM
Région
en avance

PM | AM
Journée
civile
précédente

Lundi
Dimanche

Ligne de changement de date

HEURE
• Copenhague   • Moscou
CENTRALE
• Berlin
• Francfort
• Paris
DE L'EUROPE
• Rome
Athènes •
Damas •
Tel-Aviv-Jaffa •
Le Caire •
Téhéran •
15:30   16:30
• Koweït   Delhi •
• Bahreïn
Dubai •   Karachi •   Calcutta •
Djeddah   Bombay •   17:30   18:30
• Beijing
Séoul •   • Tokyo
• Taipei
Hong Kong •
• Bangkok   • Manille
17:30   17:30
• Addis-Abeba   Colombo •   Kuala
Lagos •   Lumpur •
• Singapour
• Nairobi
Jakarta •   23:30
• Kinshasa
18:30 •

• Maurice

Johannesbourg •

Le Cap •

Perth •   21:30   22:30   • 23:30
• Sydney
Auckland •
Wellington •

Journée
civile
suivante

CARTOGRAPHIE PAR PHILIP'S. COPYRIGHT PHILIP'S

- - - - -   Frontières internationales

———   Limites de fuseaux horaires

———   Ligne de changement de date

12:00   Temps solaire réel
lorsqu'il est midi à
Greenwich, tel qu'indiqué
au haut de la carte.

Lorsqu'il est midi à Londres,
il est 07:00 heures à Montréal
et 14:00 heures à Moscou.

53

Les plus hauts sommets du monde

①	Himalaya	Mont Everest	8 848 m
②	Hindu Kuch	K2	8 611 m
③	Andes	Aconcagua	6 960 m
④	Montagnes Rocheuses	Mont McKinley	6 194 m
⑤	Afrique de l'Est	Kilimandjaro	5 895 m
⑥	Caucase	Mont Elbrouz	5 633 m
⑦	Antarctique	Massif de Vinson	4 897 m
⑧	Alpes	Mont Blanc	4 807 m

Les agglomérations aux altitudes les plus élevées

⑨	Bogotá, Colombie	2 639 m
⑩	Addis-Abeba, Éthiopie	2 362 m
⑪	Mexico, Mexique	2 240 m
⑫	Nairobi, Kenya	1 820 m
⑬	Johannesburg, Afrique du Sud	1 734 m
⑭	Denver, États-Unis	1 609 m
⑮	Salt Lake City, États-Unis	1 310 m
⑯	Calgary, Canada	1 049 m
⑰	São Paulo, Brésil	776 m
⑱	Ankara, Turquie	686 m

Les plus grands déserts du monde

⑲	Sahara, Afrique du Nord	9 000 000 km²
⑳	Déserts d'Australie, Australie	3 830 000 km²
㉑	Déserts d'Arabie, Asie du Sud-Ouest	1 300 000 km²
㉒	Gobi, Asie de l'Est	1 295 000 km²
㉓	Kalahari, Afrique australe	520 000 km²
㉔	Désert du Turkestan, Turkestan	450 000 km²
㉕	Taklamakan, Chine	327 000 km²
㉖	Sonora, États-Unis/Mexique	310 000 km²
㉗	Namib, Afrique du Sud-Ouest	310 000 km²
㉘	Thar, Inde du Nord-Ouest/Pakistan	260 000 km²

Hautes montagnes – Chaîne Bonney
en Colombie-Britannique, Canada

Collines – Bourgogne, France

Légende de la carte :
- Hautes montagnes
- Montagnes et collines
- Plateaux
- Plaines
- Terres couvertes de glace
- Mers et lacs

Projection : Équidistale de Hammer

Plateau – Grand Canyon, Arizona, États-Unis

Plaines – Australie-Méridionale

Péninsule antarctique

Les pays avec la plus grande superficie d'eau douce	
Canada	754 093 km²
Inde	314 399 km²
Chine	270 550 km²
États-Unis	206 010 km²
Éthiopie	120 900 km²
Colombie	100 209 km²
Indonésie	92 999 km²
Russie	79 400 km²
Australie	68 920 km²
Tanzanie	59 049 km²

Les pays avec les plus longues côtes	
Canada	90 908 km
Indonésie	54 716 km
Kalaallit Nunaat	44 087 km
Russie	37 650 km
Australie	25 760 km
Philippines	22 540 km
États-Unis	19 924 km
Norvège	16 093 km
Nouvelle-Zélande	15 134 km
Chine	14 500 km

Relief des régions
Échelle 1: 105 000 000

0   1 050 km   2 100 km   3 150 km   4 200 km

1 cm sur la carte = 1 050 km

Climats dans le monde

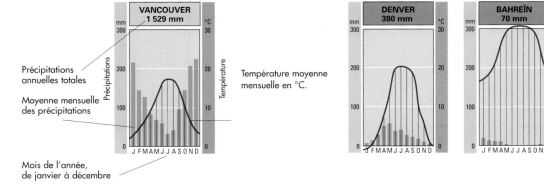

Climat tropical (très chaud et très humide)

Forte pluviosité et température très chaude en toutes saisons.

Climat sec (déserts et steppes)

Des mois, voire des années sans pluie. Température très chaude en été mais beaucoup plus fraîche en hiver.

Climat doux (chaud et humide)

Pluie à tous les mois. Été chaud et hiver frais.

Climat continental (froid et humide)

Été doux et hiver très froid.

Climat polaire (très froid et sec)

Très froid, particulièrement durant les mois d'hiver. Faible pluviosité.

Régions montagneuses (où l'altitude influe sur le type de climat)

Température froide à cause de l'altitude. Pluie et neige abondantes.

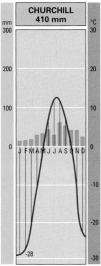

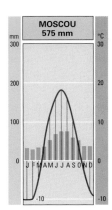

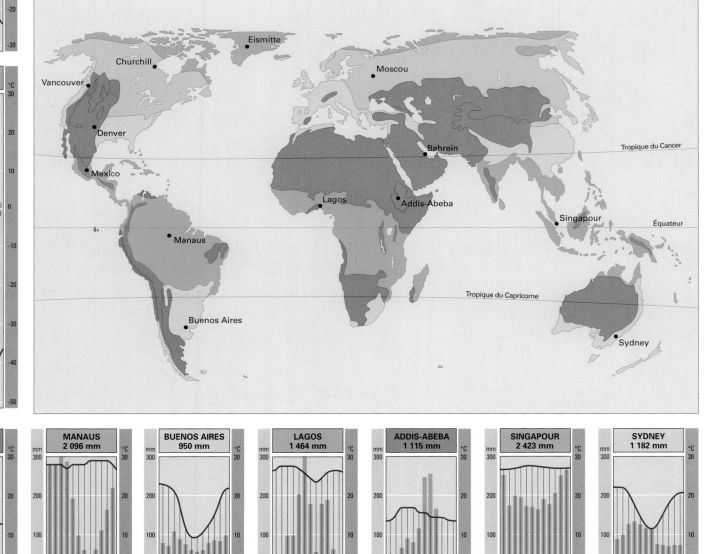

Précipitations annuelles

Les humains, les plantes et les animaux ne peuvent vivre sans eau. La carte indique la pluviosité de différentes parties du monde. Tu remarqueras que certains lieux près de l'équateur reçoivent de grandes quantités de pluie. Par contre, il tombe très peu de pluie dans les déserts; peu de plantes et d'animaux peuvent y survivre. Il y a également très peu de précipitations dans les régions polaires du Nord parce que l'air trop froid ne peut retenir beaucoup d'humidité.

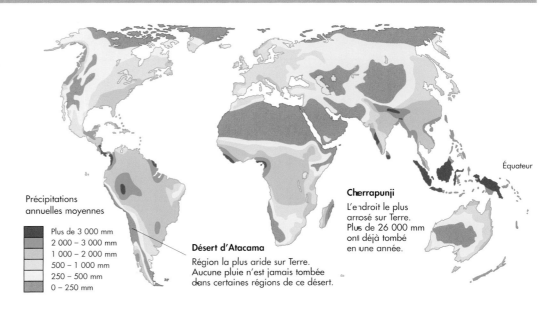

Précipitations annuelles moyennes

Plus de 3 000 mm
2 000 – 3 000 mm
1 000 – 2 000 mm
500 – 1 000 mm
250 – 500 mm
0 – 250 mm

Désert d'Atacama
Région la plus aride sur Terre. Aucune pluie n'est jamais tombée dans certaines régions de ce désert.

Cherrapunji
L'endroit le plus arrosé sur Terre. Plus de 26 000 mm ont déjà tombé en une année.

Température de janvier

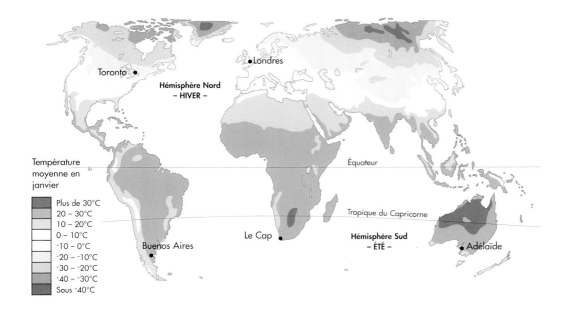

Température moyenne en janvier

Plus de 30°C
20 – 30°C
10 – 20°C
0 – 10°C
-10 – 0°C
-20 – -10°C
-30 – -20°C
-40 – -30°C
Sous -40°C

En décembre, c'est l'hiver dans l'hémisphère Nord. Il fait chaud dans les continents du Sud et froid dans ceux du Nord. En raison de l'inclinaison de la Terre, le pôle Nord est éloigné du Soleil, qui se trouve directement au-dessus des régions près du Tropique du Capricorne. Pour ces régions de l'hémisphère Sud, les jours sont plus longs; 14 heures d'ensoleillement à Buenos Aires, Le Cap et Adélaïde, mais seulement 8 heures à Londres et Toronto.

Température de juillet

En juillet, c'est l'été dans l'hémisphère Nord et l'hiver dans l'hémisphère Sud. Il fait plus chaud dans les continents du Nord et plus froid dans les continents du Sud. Le pôle Nord est incliné vers le Soleil qui se trouve directement au-dessus des régions près du Tropique du Cancer. Pour ces régions de l'hémisphère Nord, les jours sont plus longs; 16 heures d'ensoleillement à Londres et Toronto, mais un peu moins de 10 heures à Buenos Aires, Le Cap et Adélaïde.

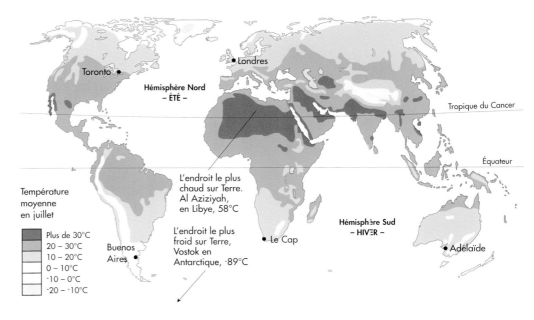

Température moyenne en juillet

Plus de 30°C
20 – 30°C
10 – 20°C
0 – 10°C
-10 – 0°C
-20 – -10°C

L'endroit le plus chaud sur Terre. Al Aziziyah, en Libye, 58°C

L'endroit le plus froid sur Terre, Vostok en Antarctique, -89°C

Religions dans le monde

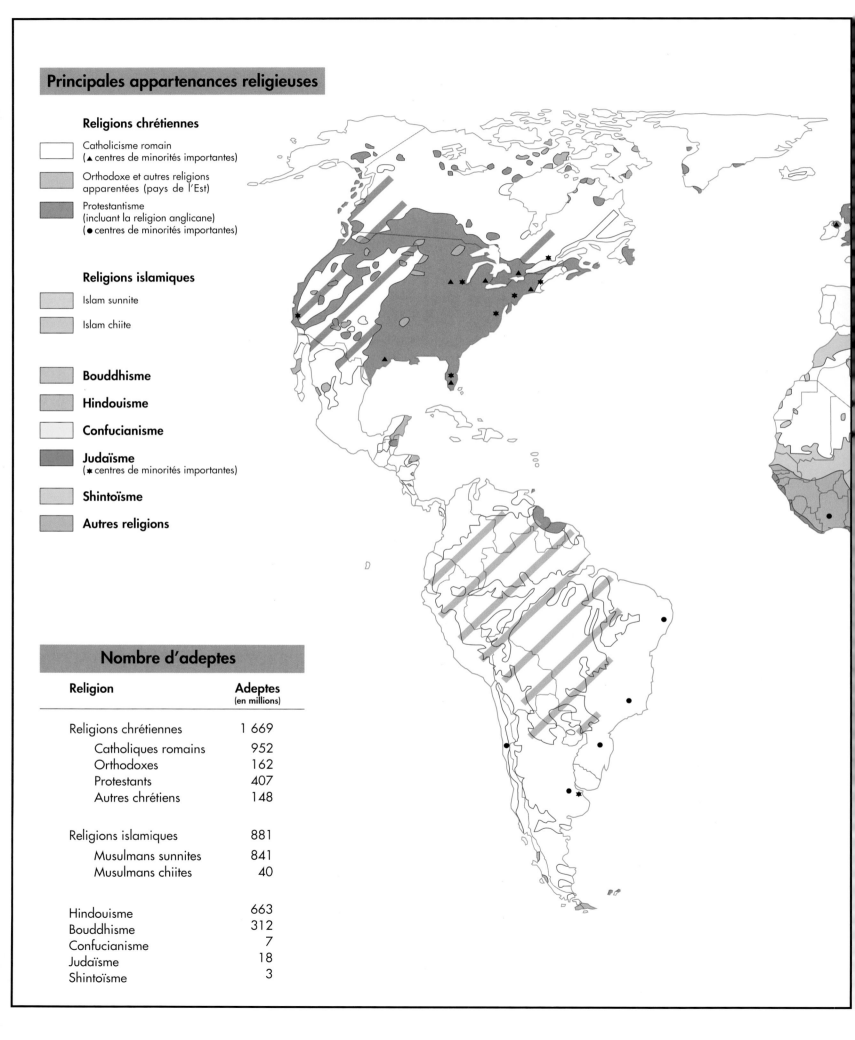

Principales appartenances religieuses

Religions chrétiennes

Catholicisme romain
(▲ centres de minorités importantes)

Orthodoxe et autres religions
apparentées (pays de l'Est)

Protestantisme
(incluant la religion anglicane)
(● centres de minorités importantes)

Religions islamiques

Islam sunnite

Islam chiite

Bouddhisme

Hindouisme

Confucianisme

Judaïsme
(✴ centres de minorités importantes)

Shintoïsme

Autres religions

Nombre d'adeptes

Religion	Adeptes (en millions)
Religions chrétiennes	1 669
Catholiques romains	952
Orthodoxes	162
Protestants	407
Autres chrétiens	148
Religions islamiques	881
Musulmans sunnites	841
Musulmans chiites	40
Hindouisme	663
Bouddhisme	312
Confucianisme	7
Judaïsme	18
Shintoïsme	3

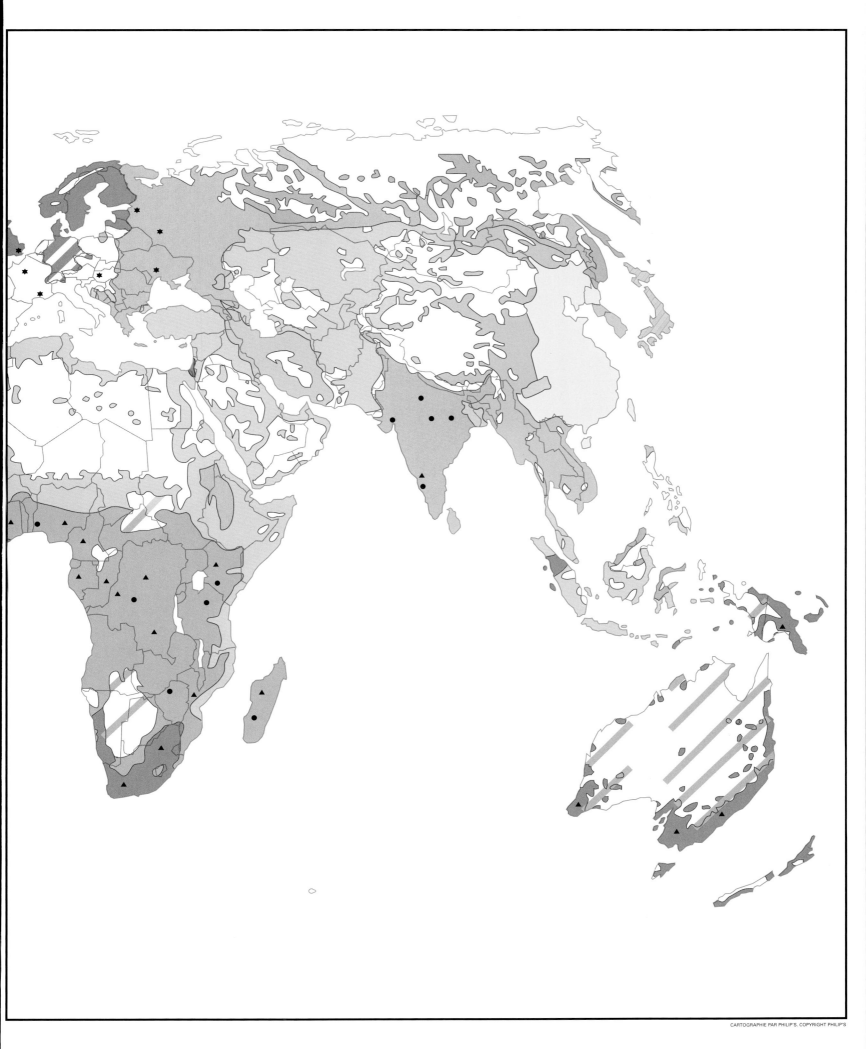

Catastrophes naturelles

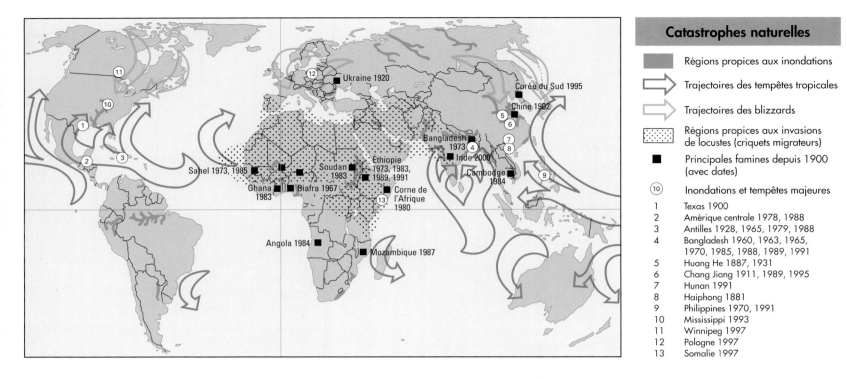

Catastrophes naturelles

- ▬ Régions propices aux inondations
- ⇨ Trajectoires des tempêtes tropicales
- ⇨ Trajectoires des blizzards
- ⠿ Régions propices aux invasions de locustes (criquets migrateurs)
- ■ Principales famines depuis 1900 (avec dates)
- ⑩ Inondations et tempêtes majeures

1. Texas 1900
2. Amérique centrale 1978, 1988
3. Antilles 1928, 1965, 1979, 1988
4. Bangladesh 1960, 1963, 1965, 1970, 1985, 1988, 1989, 1991
5. Huang He 1887, 1931
6. Chang Jiang 1911, 1989, 1995
7. Hunan 1991
8. Haiphong 1881
9. Philippines 1970, 1991
10. Mississippi 1993
11. Winnipeg 1997
12. Pologne 1997
13. Somalie 1997

Les **ouragans** sont de violentes tempêtes qui prennent naissance au-dessus des océans dans certaines régions près de l'équateur. Les vents qui accompagnent l'ouragan soufflent dans un mouvement circulaire autour d'une région connue sous le nom de « œil ». Dans « l'œil de l'ouragan », les vents cessent et les nuages disparaissent mais la mer demeure agitée.

Les ouragans se forment lorsque de l'air humide et chaud est poussé vers le haut par de l'air plus froid, donc plus lourd. Lors d'un ouragan, les vents peuvent varier de 120 km/h à plus de 250 km/h. Les dommages matériels causés par le vent et l'eau peuvent être importants, tout particulièrement dans les régions côtières. Dans l'océan Pacifique, les ouragans portent le nom de typhons.

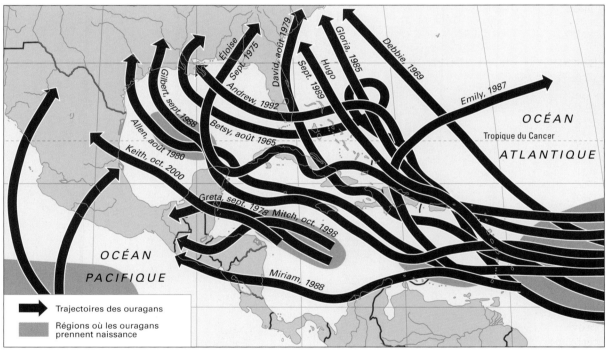

→ Trajectoires des ouragans

▬ Régions où les ouragans prennent naissance

Une **tornade** est un vent violent tourbillonnaire qui ressemble habituellement à un nuage en forme d'entonnoir et qui se déplace sur les terres. Les tornades sont plus fréquentes sous les latitudes tempérées et peuvent se produire lorsque de forts courants d'air verticaux et des fronts de température pénètrent une région. Des vents en forme d'entonnoir ont été enregistrés à plus de 480 km/h.

Vue aérienne de l'ouragan Andrew, août 1992.

SECTION TRANSVERSALE D'UN OURAGAN

Largeur totale de 200 km à 800 km

Cirrus

Nuage dense

Hauteur 12 km — Orages

Spirales d'air frais, courbées vers l'extérieur et descendantes

Vortex de l'ouragan

Vents soufflant en rafales

Vents violents (250 km/h)

Spirales d'air chaud et humide en direction de l'œil de l'ouragan, se refroidissant et s'élevant rapidement

Région calme de l'œil de l'ouragan

◄ Déplacement de tout le système vers l'ouest

Énergie provenant de la mer chaude (plus de 27°C)

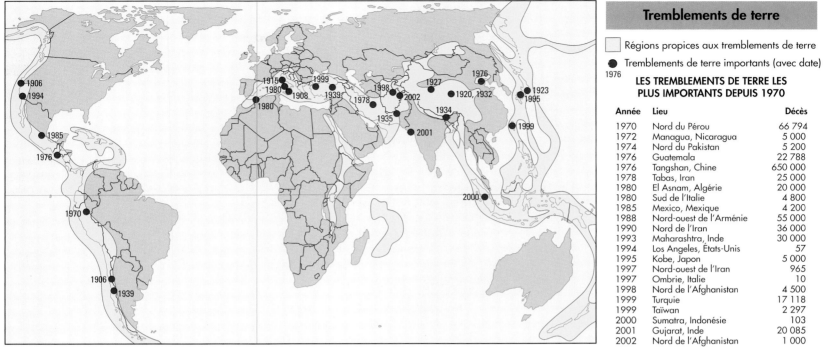

LES TREMBLEMENTS DE TERRE LES PLUS IMPORTANTS DEPUIS 1970

Année	Lieu	Décès
1970	Nord du Pérou	66 794
1972	Managua, Nicaragua	5 000
1974	Nord du Pakistan	5 200
1976	Guatemala	22 788
1976	Tangshan, Chine	650 000
1978	Tabas, Iran	25 000
1980	El Asnam, Algérie	20 000
1980	Sud de l'Italie	4 800
1985	Mexico, Mexique	4 200
1988	Nord-ouest de l'Arménie	55 000
1990	Nord de l'Iran	36 000
1993	Maharashtra, Inde	30 000
1994	Los Angeles, États-Unis	57
1995	Kobe, Japon	5 000
1997	Nord-ouest de l'Iran	965
1997	Ombrie, Italie	10
1998	Nord de l'Afghanistan	4 500
1999	Turquie	17 118
1999	Taïwan	2 297
2000	Sumatra, Indonésie	103
2001	Gujarat, Inde	20 085
2002	Nord de l'Afghanistan	1 000

Volcans

▨ Régions volcaniques

▲ 1985 Éruptions volcaniques importantes

ÉRUPTIONS VOLCANIQUES IMPORTANTES

Année	Volcan	Décès
79	Vésuve, Pompéi, Italie	16 000
1669	Etna, Sicile, Italie	20 000
1792	Unzen-Dake, Japon	10 400
1815	Tamboro, Java, Indonésie	12 000
1883	Krakatoa, Indonésie	35 000
1902	Pelée, Martinique, Antilles	20 000
1951	Lamington, Nouvelle-Guinée	3 000
1966	Kelud, Java, Indonésie	1 000
1980	Mont St. Helens, Washington, États-Unis	60
1985	Nevado del Ruiz, Colombie	22 940
1986	Wum, Cameroun	1 700
1991	Pinatubo, Philippines	690
1997	Soufrière, Guadeloupe, Antilles	23

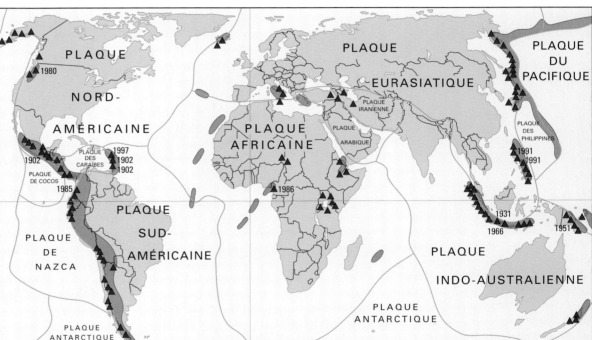

Les **tremblements de terre** proviennent de vibrations de l'écorce terrestre. La croûte terrestre est constituée d'une série de morceaux. Dans certaines régions, ces morceaux, ou plaques, se déplacent les uns vers les autres. La plaque la plus lourde doit glisser sous la plaque la plus légère, ce qui produit des vibrations. Ces vibrations peuvent être à peine perceptibles ou causer une destruction massive.

Les tremblements de terre peuvent aussi se produire près des **volcans** et indiquent habituellement une augmentation de l'activité volcanique. À de grandes profondeurs, les plaques fondent pour former le magma. Les volcans entrent en éruption lorsque le magma force son chemin vers la surface terrestre par une faille de l'écorce terrestre ou par une cheminée volcanique.

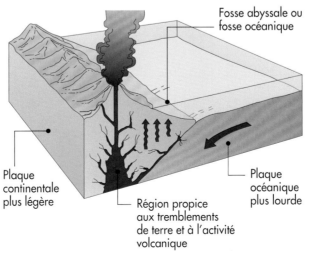

Fosse abyssale ou fosse océanique

Plaque continentale plus légère

Région propice aux tremblements de terre et à l'activité volcanique

Plaque océanique plus lourde

Tremblement de terre de Los Angeles aux États-Unis, en 1994.

Population et villes du monde

Distribution de la population

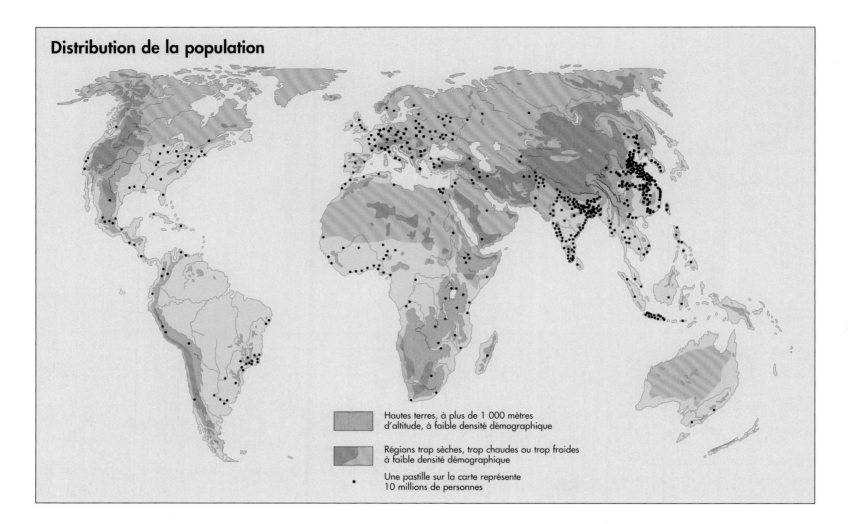

Hautes terres, à plus de 1 000 mètres d'altitude, à faible densité démographique

Régions trop sèches, trop chaudes ou trop froides à faible densité démographique

Une pastille sur la carte représente 10 millions de personnes

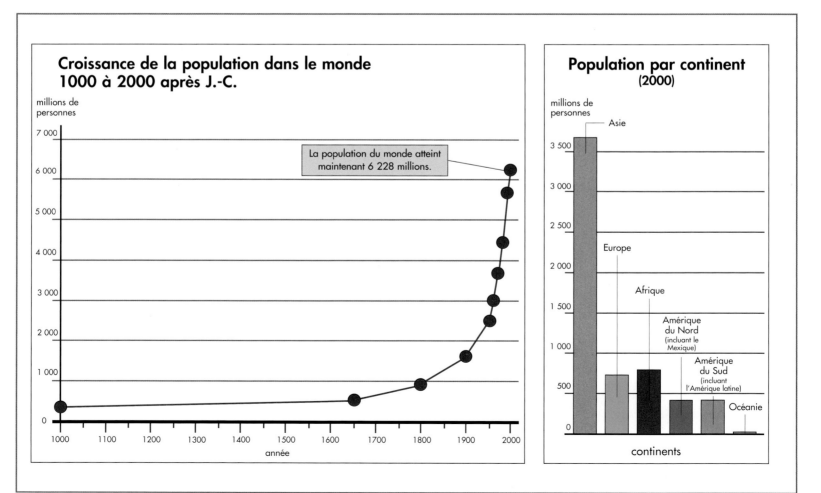

Croissance de la population dans le monde 1000 à 2000 après J.-C.

millions de personnes

La population du monde atteint maintenant 6 228 millions.

année

Population par continent (2000)

millions de personnes

Asie

Europe

Afrique

Amérique du Nord (incluant le Mexique)

Amérique du Sud (incluant l'Amérique latine)

Océanie

continents

Les agglomérations les plus peuplées au monde (2002)

(en millions d'habitants)

Tokyo	34,90
New York	21,60
Séoul	21,15
Mexico	20,75
São Paulo	20,25
Bombay (Mumbai)	18,15
Osaka	18,00
Delhi	17,15
Los Angeles	16,80
Jakarta	15,85
Le Caire	15,10
Calcuta (Kolkata)	14,55
Buenos Aires	13,70
Manille	13,45
Moscou	13,20
Karachi	12,30
Rio de Janeiro	12,25
Shanghai	12,20
Londres	11,85
Téhéran	11,05
Istanbul	11,00
Dacca	10,35
Paris	9,80
Chicago	9,40
Lagos	9,25
Beijing	9,20
Lima	7,90

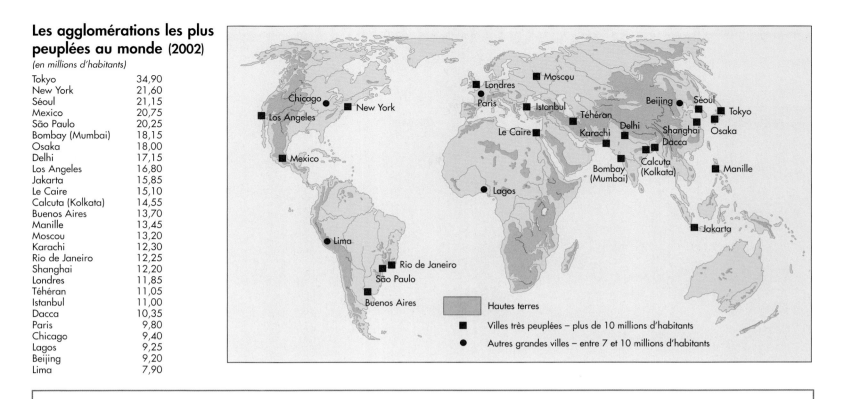

■ Villes très peuplées – plus de 10 millions d'habitants

● Autres grandes villes – entre 7 et 10 millions d'habitants

Hautes terres

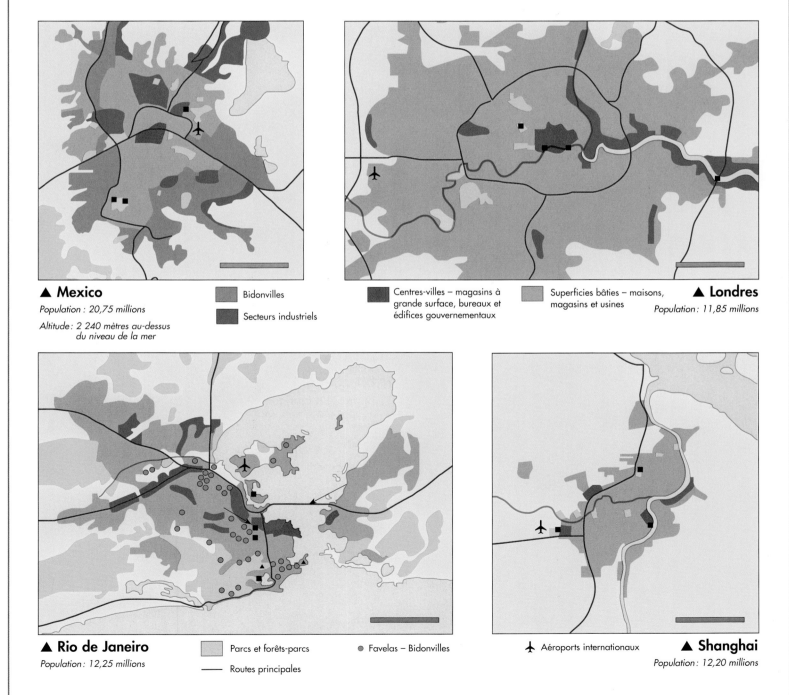

▲ Mexico
Population : 20,75 millions

Altitude : 2 240 mètres au-dessus du niveau de la mer

Bidonvilles

Secteurs industriels

Centres-villes – magasins à grande surface, bureaux et édifices gouvernementaux

Superficies bâties – maisons, magasins et usines

▲ Londres
Population : 11,85 millions

▲ Rio de Janeiro
Population : 12,25 millions

Parcs et forêts-parcs

Routes principales

● Favelas – Bidonvilles

✈ Aéroports internationaux

▲ Shanghai
Population : 12,20 millions

Cours d'eau

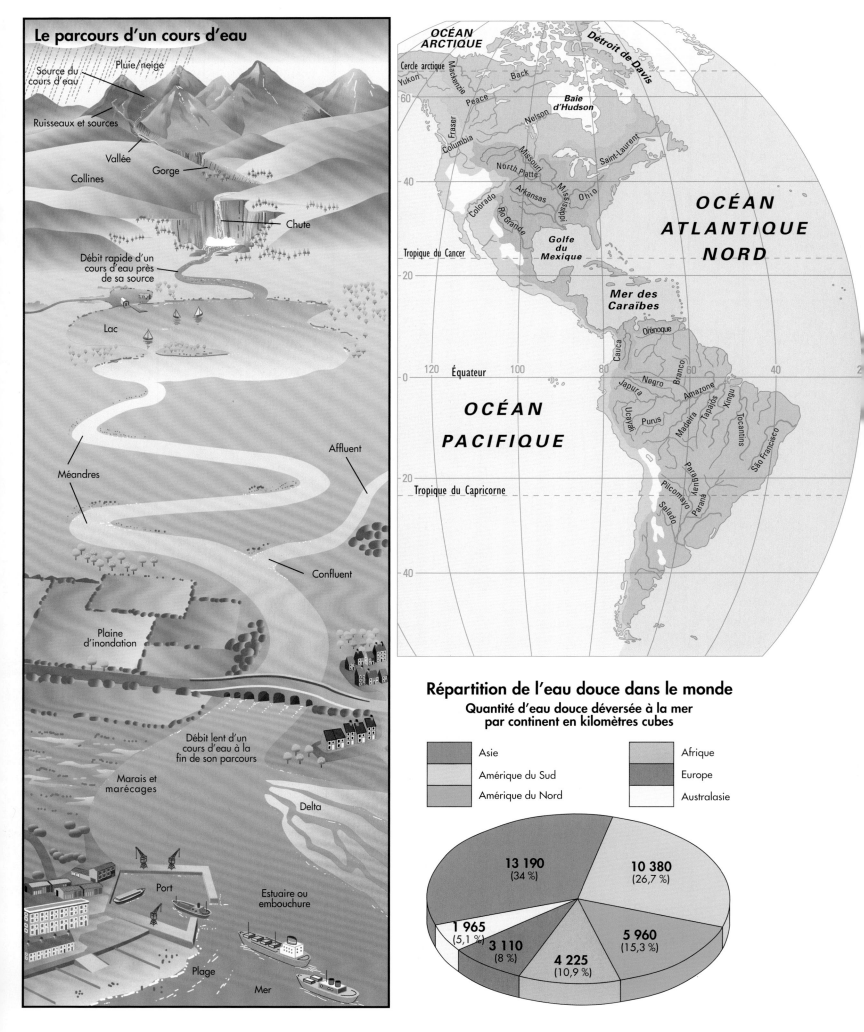

Le parcours d'un cours d'eau

Pluie/neige

Source du cours d'eau

Ruisseaux et sources

Vallée

Gorge

Collines

Chute

Débit rapide d'un cours d'eau près de sa source

Lac

Affluent

Méandres

Confluent

Plaine d'inondation

Débit lent d'un cours d'eau à la fin de son parcours

Marais et marécages

Delta

Port

Estuaire ou embouchure

Plage

Mer

OCÉAN ARCTIQUE

Détroit de Davis

Cercle arctique

Yukon

Mackenzie

Back

Peace

Baie d'Hudson

Fraser

Nelson

Saint-Laurent

Columbia

Missouri

North Platte

Arkansas

Mississippi

Ohio

Colorado

Rio Grande

Golfe du Mexique

Tropique du Cancer

Mer des Caraïbes

OCÉAN ATLANTIQUE NORD

Orénoque

Cauca

Branco

Équateur

Negro

Amazone

Japura

Xingu

OCÉAN PACIFIQUE

Ucayali

Purus

Madeira

Tapajós

Tocantins

São Francisco

Pilcomayo

Paraguay

Paraná

Tropique du Capricorne

Salado

Répartition de l'eau douce dans le monde
Quantité d'eau douce déversée à la mer par continent en kilomètres cubes

- Asie
- Amérique du Sud
- Amérique du Nord
- Afrique
- Europe
- Australasie

13 190 (34 %)

10 380 (26,7 %)

1 965 (5,1 %)

3 110 (8 %)

4 225 (10,9 %)

5 960 (15,3 %)

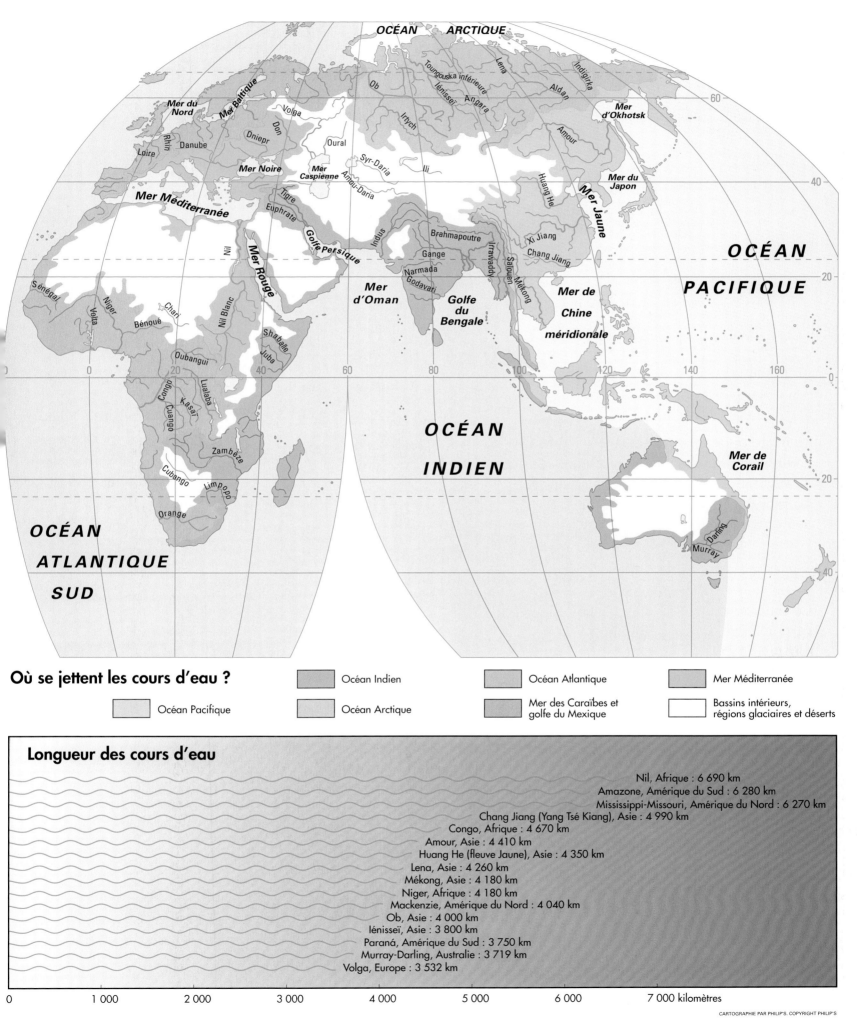

OCÉAN ARCTIQUE

Mer du Nord · Mer Baltique · Volga · Lena · Indigirka · Mer d'Okhotsk

Rhin · Danube · Dniepr · Don · Oural · Toungouska inférieure · Iénisseï · Angara · Aldan · Amour

Loire · Mer Noire · Mer Caspienne · Amou-Daria · Syr-Daria · Ili · Huang He · Mer du Japon

Mer Méditerranée · Tigre · Euphrate · **Mer Jaune**

Nil · **Mer Rouge** · Golfe Persique · Indus · Brahmapoutre · Xi Jiang · Chang Jiang

Sénégal · Niger · Chari · Nil Blanc · **Mer d'Oman** · Gange · Narmada · Godavari · Irrawaddy · Salouen · Mékong · **Mer de Chine méridionale** · **OCÉAN PACIFIQUE**

Volta · Bénoué · **Golfe du Bengale**

Oubangui · Shabelle · Juba

Congo · Lualaba · Kasaï · Cuango

Zambèze

Cubango · Limpopo

Orange

OCÉAN ATLANTIQUE SUD

OCÉAN INDIEN

Mer de Corail

Darling · Murray

Où se jettent les cours d'eau ?

- Océan Pacifique
- Océan Indien
- Océan Arctique
- Océan Atlantique
- Mer des Caraïbes et golfe du Mexique
- Mer Méditerranée
- Bassins intérieurs, régions glaciaires et déserts

Longueur des cours d'eau

Nil, Afrique : 6 690 km
Amazone, Amérique du Sud : 6 280 km
Mississippi-Missouri, Amérique du Nord : 6 270 km
Chang Jiang (Yang Tsé Kiang), Asie : 4 990 km
Congo, Afrique : 4 670 km
Amour, Asie : 4 410 km
Huang He (fleuve Jaune), Asie : 4 350 km
Lena, Asie : 4 260 km
Mékong, Asie : 4 180 km
Niger, Afrique : 4 180 km
Mackenzie, Amérique du Nord : 4 040 km
Ob, Asie : 4 000 km
Iénisseï, Asie : 3 800 km
Paraná, Amérique du Sud : 3 750 km
Murray-Darling, Australie : 3 719 km
Volga, Europe : 3 532 km

| 0 | 1 000 | 2 000 | 3 000 | 4 000 | 5 000 | 6 000 | 7 000 kilomètres |

Végétation dans le monde

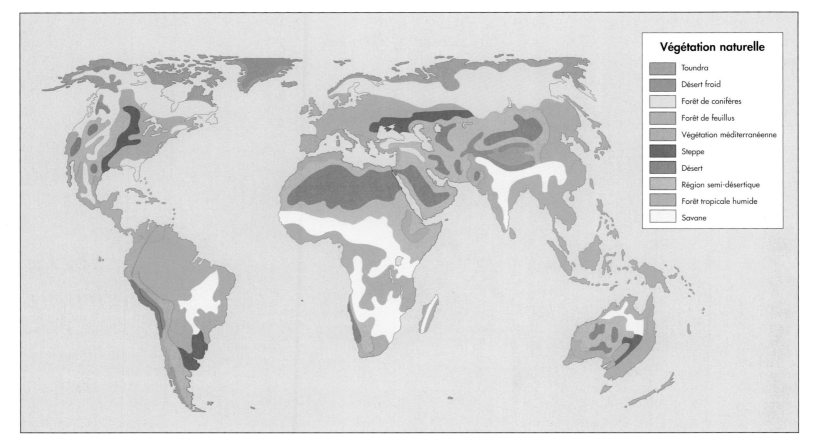

La carte ci-dessus indique l'emplacement des divers types de végétation rencontrés autour du monde. L'aire de végétation démontre l'influence du climat.

Le schéma ci-dessous montre le type de végétation que l'on retrouve dans les montagnes.

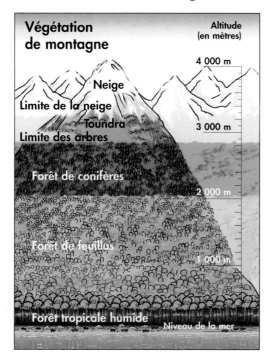

Toundra

Hivers longs, secs et très froids. Herbes, mousses, tourbe et arbres nains.

Forêt de conifères

Hivers durs, étés doux. Les arbres conservent leurs aiguilles en toutes saisons.

Végétation méditerranéenne

Étés très chauds et secs. Hivers doux et humides. Les plantes s'adaptent à la chaleur et à la sécheresse.

Désert

Peu de pluie. Les seules plantes qui survivent ne poussent qu'aux abords des oasis où il y a présence d'eau souterraine. D'autres plantes s'éveillent à la vie lorsque la pluie vient à tomber.

Forêt tropicale humide (jungle)

Très chaud et humide durant toute l'année. Les grands arbres et la végétation luxuriante abritent une grande variété d'animaux.

Désert froid

Très froid avec peu de pluie ou de neige. Très peu de plantes parviennent à survivre.

Forêt de feuillus

Précipitations toute l'année, hivers froids. Les arbres perdent leurs feuilles en hiver.

Steppe

Un peu de pluie et une saison sèche. Prairies avec arbres dispersés.

Région semi-désertique

Peu de pluie, végétation clairsemée. Herbes avec arbres dispersés, particulièrement le long du lit des ruisseaux.

Savane

Principalement sèche mais herbes luxuriantes lorsque la pluie tombe. Les arbres sont dispersés sur les terres mais augmentent en nombre près des forêts pluviales.

Types de végétation

Toundra

Pingo (butte)

Sol rocheux très mince sur pergélisol

Mousses, lichens et herbes

Désert froid

Très peu de plantes peuvent y croître.

Forêt de conifères

Arbres à feuilles persistantes (épinettes et sapins)

Arbrisseaux et petits arbres

Couvert végétal formé d'aiguilles de pins

Fougères et ronces aux limites de la forêt

Cycle annuel d'une forêt de feuillus

Printemps

Été

Automne

Hiver

Végétation méditerranéenne

Petits arbres rabougris

Broussailles

Steppe Une grande quantité de plantes pousse dans la steppe.

L'agriculture nuit à l'habitat naturel.

Forêt tropicale humide

Les plus hauts arbres sont dispersés et leur cime est en forme de parasol.

Strate principale de grands arbres poussant tout près les uns des autres.

Plantes grimpantes croissant en s'accrochant aux arbres jusqu'à leur cime pour atteindre la lumière du soleil.

Fougères, mousses et petites plantes poussant très près du sol.

Désert

Sable créant des dunes par l'action du vent

Palmiers

Oasis

Région semi-désertique

Yuccas arborescents

Herbes et buissons

Savane

Saison sèche

Saison des pluies

Agriculture, forêt et pêche

Les grandes régions du monde selon leurs ressources

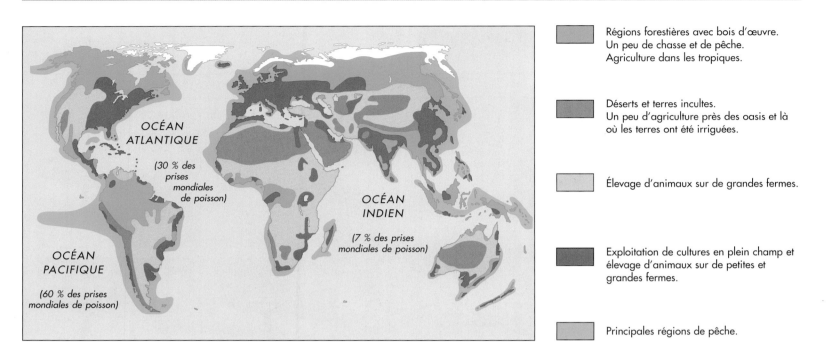

OCÉAN
ATLANTIQUE

(30 % des prises mondiales de poisson)

OCÉAN
INDIEN

(7 % des prises mondiales de poisson)

OCÉAN
PACIFIQUE

(60 % des prises mondiales de poisson)

Régions forestières avec bois d'œuvre. Un peu de chasse et de pêche. Agriculture dans les tropiques.

Déserts et terres incultes. Un peu d'agriculture près des oasis et là où les terres ont été irriguées.

Élevage d'animaux sur de grandes fermes.

Exploitation de cultures en plein champ et élevage d'animaux sur de petites et grandes fermes.

Principales régions de pêche.

Populations vivant de l'agriculture

Pourcentage de la population vivant de l'agriculture dans chaque pays

Plus de 50 % de la population vit de l'agriculture.

De 25 % à 50 % de la population vit de l'agriculture.

De 10 % à 25 % de la population vit de l'agriculture.

Moins de 10 % de la population vit de l'agriculture.

 Pays qui dépendent de l'agriculture pour plus de la moitié de leurs revenus.

Il y a une centaine d'années, environ 80 % de la population mondiale vivait de l'agriculture. Ce pourcentage n'est plus aujourd'hui que de 40 %, mais l'agriculture reste toujours une activité très importante dans certains pays.

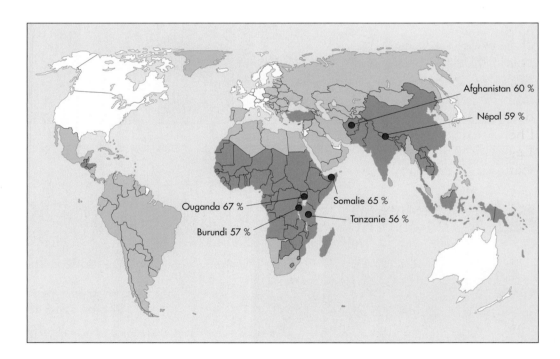

Afghanistan 60 %

Népal 59 %

Ouganda 67 %

Somalie 65 %

Tanzanie 56 %

Burundi 57 %

Méthodes de pêche

Il y a deux types de pêche en mer :

1. La pêche en haute mer se pratique au moyen de chalutiers qui demeurent souvent en mer pendant plusieurs semaines.

2. La pêche côtière se pratique au moyen de nasses et de filets que des petits bateaux installent jusqu'à 70 km des côtes.

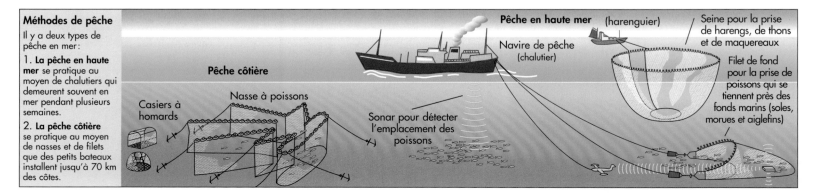

Pêche côtière

Casiers à homards

Nasse à poissons

Sonar pour détecter l'emplacement des poissons

Pêche en haute mer (harenguier)

Navire de pêche (chalutier)

Seine pour la prise de harengs, de thons et de maquereaux

Filet de fond pour la prise de poissons qui se tiennent près des fonds marins (soles, morues et aiglefins)

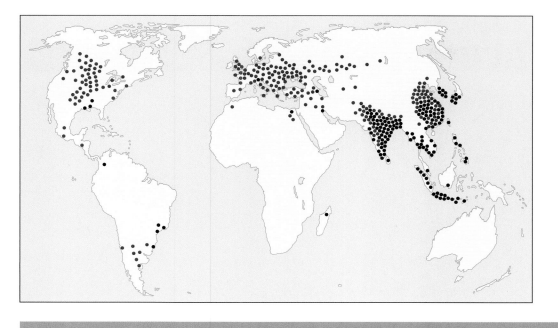

- Une pastille représente une production de deux millions de tonnes de blé.
- Une pastille représente une production de deux millions de tonnes de riz.

Le blé est la céréale la plus cultivée dans les régions froides. Le riz est l'aliment de base de plus de la moitié de la population mondiale. Le riz pousse dans l'eau des rizières des régions tropicales. Plus du tiers du riz consommé mondialement est cultivé en Chine.

Bovins et ovins

- Une pastille représente 10 millions de bovins.
- Une pastille représente 10 millions d'ovins.

La viande, le lait et le cuir proviennent du bétail. La carte indique que ces animaux se retrouvent partout dans le monde, à l'exception des endroits très chauds ou très froids.
À la différence des vaches, l'élevage des moutons se pratique dans les régions plus froides et ces derniers peuvent vivre là où l'herbe est moins abondante.
Les ovins sont élevés pour leur viande et leur laine.

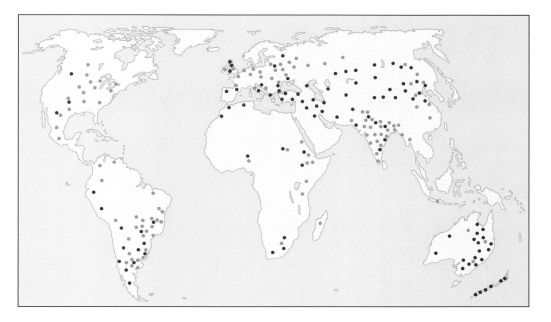

Bois d'œuvre

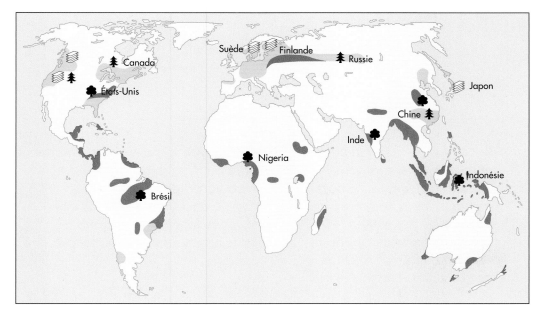

Principales régions où les arbres à bois dur sont cultivés.

Principales régions où les arbres à bois tendre sont cultivés (conifères).

Pays produisant plus de 5 %

- 🌳 du bois dur au monde
- 🌲 du bois tendre au monde
- 🪵 de la pâte de bois au monde

Les arbres sont coupés pour en faire du bois d'œuvre. Les arbres à bois tendre comme les pins et les sapins portent des cônes; c'est la raison pour laquelle ils sont appelés conifères. Certains arbres sont transformés en pâte de bois avec laquelle on produit le papier.

Minéraux et énergie

■ Minerai de fer

▲ Bauxite

● Cuivre

Le fer est le métal le plus important utilisé par l'industrie manufacturière. Il est mélangé à d'autres métaux pour obtenir l'acier dont on se sert pour la construction des bateaux, des voitures, des outillages et des équipements. Le minerai de bauxite est utilisé dans la production de l'aluminium. Comme celui-ci est léger et solide, il est employé pour la fabrication des avions. Le cuivre, quant à lui, est un bon conducteur que l'on utilise pour le câblage électrique et les ustensiles de cuisine. Il entre également dans la fabrication du laiton et du bronze.

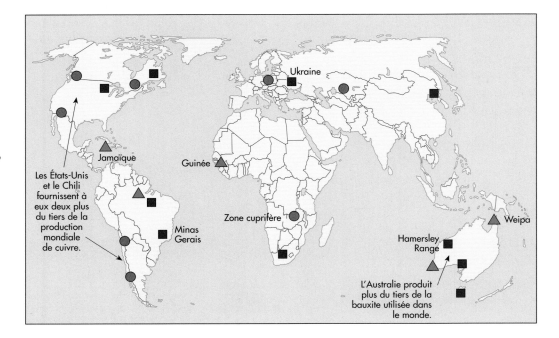

Les États-Unis et le Chili fournissent à eux deux plus du tiers de la production mondiale de cuivre.

L'Australie produit plus du tiers de la bauxite utilisée dans le monde.

Ukraine · Jamaïque · Guinée · Zone cuprifère · Weipa · Hamersley Range · Minas Gerais

Pierres et métaux précieux

⬗ Or

★ Argent

◆ Diamant

Certains métaux tels que l'or et l'argent, et certaines pierres précieuses telles que les diamants sont utilisés dans la fabrication de bijoux. Ils jouent aussi un rôle très important dans l'industrie manufacturière. Le diamant est le minéral le plus dur et sert donc à la production d'outils pour couper et broyer. L'argent est utilisé pour enduire les pellicules photographiques et entre dans la fabrication de produits électriques. L'or et l'argent sont employés en joaillerie et également par l'industrie électronique.

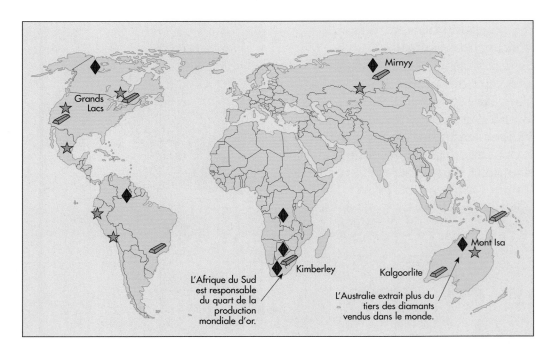

L'Afrique du Sud est responsable du quart de la production mondiale d'or.

L'Australie extrait plus du tiers des diamants vendus dans le monde.

Mirnyy · Grands Lacs · Kimberley · Kalgoorlite · Mont Isa

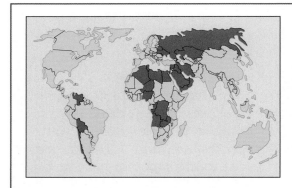

Il y a plus de 70 métaux et minéraux différents dans le monde. Les cartes ci-dessus montrent les principaux pays où certains des métaux et des minéraux les plus importants sont extraits. Les métaux et les combustibles, une fois extraits, sont souvent exportés vers d'autres pays où ils sont transformés en produits de consommation. La carte à gauche montre en rouge les pays les plus dépendants financièrement de l'exportation minière.

Pétrole et gaz naturel

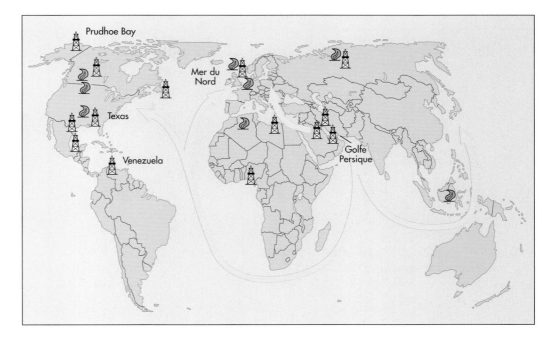

⛏ Champ de pétrole/sables pétrolifères

🌀 Champ de gaz naturel

➡ Routes principales pour le transport du pétrole et du gaz naturel par navires-citernes

Le pétrole brut est extrait par forage à de grandes profondeurs sous l'écorce terrestre. Il est ensuite raffiné pour les besoins de diverses industries, dont l'industrie chimique. Le pétrole sert également à produire l'essence. Le gaz naturel se retrouve souvent aux mêmes endroits que le pétrole. On l'utilise pour le chauffage et la cuisson des aliments.

Charbon

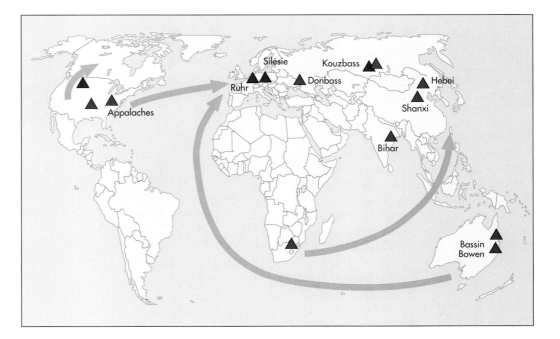

▲ Lignite (charbon mou à l'aspect terreux)

▲ Charbon dur (bitumineux)

➡ Routes de navigation principales pour le transport du charbon

Le charbon est un combustible provenant de forêts et de marécages décomposés il y a des millions d'années et écrasés par des couches de roches. Le charbon est découpé dans le roc de mines très profondes ou de mines à ciel ouvert, où il se trouve alors tout près de la surface. Le charbon plus ancien est dur et on l'utilise surtout pour produire l'énergie nécessaire aux entreprises manufacturières. Le charbon d'origine plus récente est plus mou.

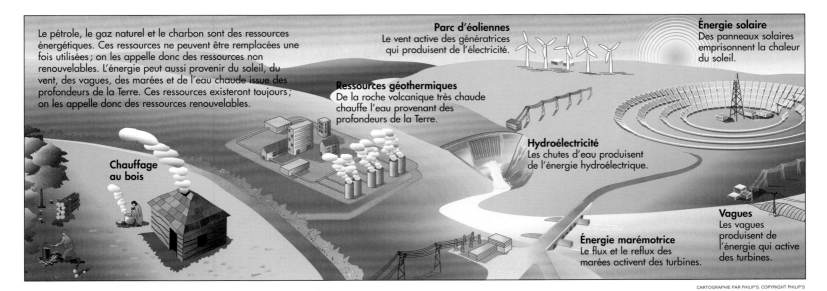

Le pétrole, le gaz naturel et le charbon sont des ressources énergétiques. Ces ressources ne peuvent être remplacées une fois utilisées ; on les appelle donc des ressources non renouvelables. L'énergie peut aussi provenir du soleil, du vent, des vagues, des marées et de l'eau chaude issue des profondeurs de la Terre. Ces ressources existeront toujours ; on les appelle donc des ressources renouvelables.

Chauffage au bois

Parc d'éoliennes
Le vent active des génératrices qui produisent de l'électricité.

Ressources géothermiques
De la roche volcanique très chaude chauffe l'eau provenant des profondeurs de la Terre.

Énergie solaire
Des panneaux solaires emprisonnent la chaleur du soleil.

Hydroélectricité
Les chutes d'eau produisent de l'énergie hydroélectrique.

Énergie marémotrice
Le flux et le reflux des marées activent des turbines.

Vagues
Les vagues produisent de l'énergie qui active des turbines.

La population du globe

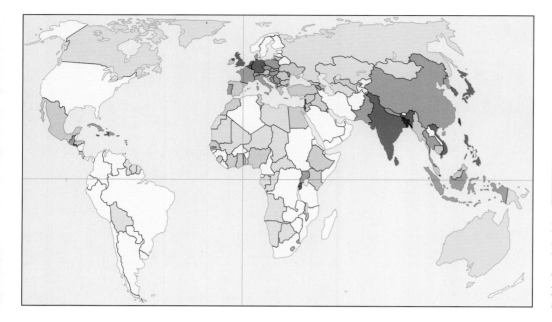

Densité de population par pays

Nombre de personnes au kilomètre² (2001)

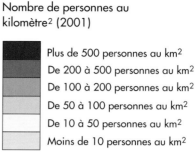

Plus de 500 personnes au km²

De 200 à 500 personnes au km²

De 100 à 200 personnes au km²

De 50 à 100 personnes au km²

De 10 à 50 personnes au km²

Moins de 10 personnes au km²

Exemples

Chine
132,66 personnes

Canada
3,17 personnes

La densité de population d'un pays s'obtient en divisant la population totale par la superficie totale. Une carte de densité de population permet de constater la surpopulation d'un pays, mais n'indique pas où se trouvent les régions densément peuplées au sein du pays.

Croissance de la population
(2000 – 2015)

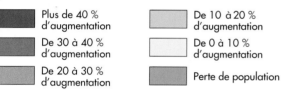

Prévisions sur la croissance de la population pour les années 2000 – 2015

Plus de 40 % d'augmentation

De 30 à 40 % d'augmentation

De 20 à 30 % d'augmentation

De 10 à 20 % d'augmentation

De 0 à 10 % d'augmentation

Perte de population

La population n'est pas statique, elle change. On parle de croissance si les naissances excèdent les décès. Les pays ne connaissent pas tous le même taux d'augmentation de leur population. Les populations des pays du « Sud » ont tendance à augmenter davantage que celles des pays du « Nord », puisque le nombre de naissances s'accroît ou demeure inchangé et que les décès diminuent.

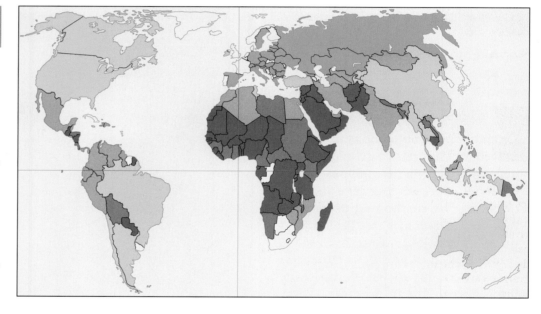

Population urbaine

Pourcentage de la population vivant dans les agglomérations urbaines en 2001

Plus de 75 %

De 50 à 75 %

De 25 à 50 %

De 10 à 25 %

Moins de 10 %

Jusqu'aux années 1950, moins de une personne sur trois vivait dans les villes. Aujourd'hui, presque deux personnes sur trois y demeurent. Il y a plus de gens qui habitent les villes dans les pays très industrialisés que dans les pays principalement axés sur l'agriculture.

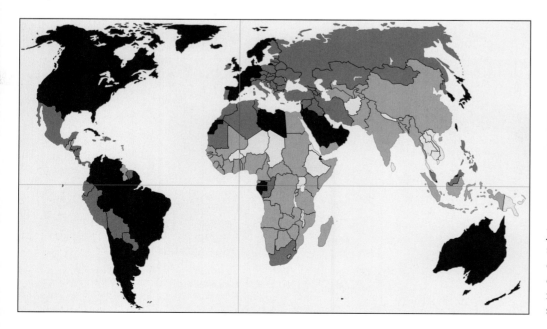

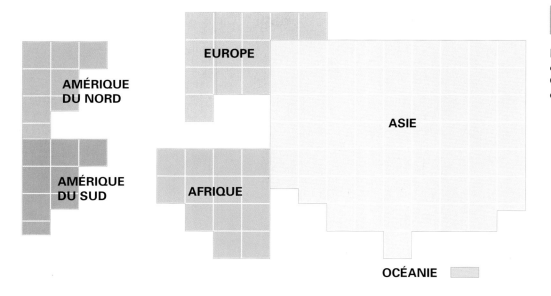

L'illustration de gauche illustre les continents par des carreaux dont le nombre est proportionnel à la population. Chaque carreau représente 1 % de la population mondiale en 2002, soit 6 227 863 821 personnes.

Les dix pays les plus peuplés (en milliers – 2001)

Chine	1 273 111
Inde	1 029 991
États-Unis	278 059
Indonésie	228 437
Brésil	174 468
Russie	145 470
Pakistan	144 617
Bangladesh	131 270
Japon	126 772
Nigeria	126 636

Les ménages

Nombre de personnes par ménage (2000)

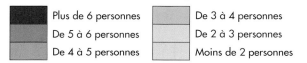

■	Plus de 6 personnes		De 3 à 4 personnes
■	De 5 à 6 personnes		De 2 à 3 personnes
■	De 4 à 5 personnes		Moins de 2 personnes

Dans les pays à forte croissance démographique, les familles ont tendance à compter plusieurs individus. La carte à droite indique que les familles vivant dans le « Sud » comptent plus d'enfants que celle vivant dans le « Nord ». Dans les pays en voie de développement, les tantes, les oncles, les grands-parents et les familles nucléaires vivent souvent tous ensemble, créant des familles élargies.

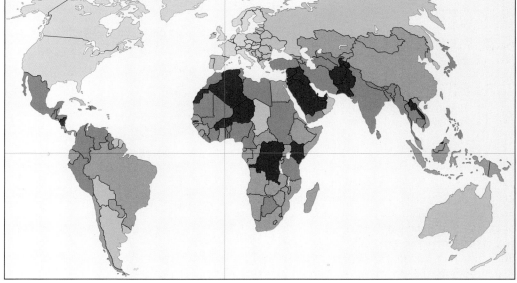

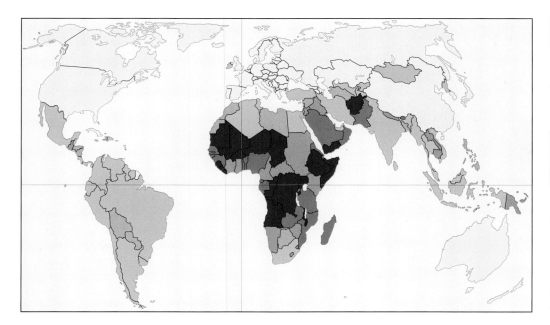

Taux de fécondité

Nombre moyen d'enfants qu'une femme peut s'attendre à mettre au monde en 2000

■	6 enfants ou plus		3 enfants
■	5 enfants		2 enfants
■	4 enfants		1 enfant

Plusieurs facteurs entrent en ligne de compte pour expliquer le nombre d'enfants qu'une femme mettra au monde, dont le niveau d'éducation, les occasions d'emploi, la disponibilité de l'information sur le contrôle des naissances, l'influence de la religion et le revenu familial. Le taux de natalité le plus bas se rencontre dans les pays du « Nord ».

Moyens de transport

Les voies maritimes

— Principales routes maritimes

■ Les plus grands ports du monde
(plus de 100 millions de tonnes de fret
manutentionnés en une année)

● Autres ports importants

Glace et icebergs présents toute
l'année dans la mer ou pour une
certaine partie de l'année

— Fleuves qui permettent la circulation
de gros navires

Le transport maritime est utilisé pour les marchandises trop encombrantes ou trop lourdes pour être livrées par voie aérienne. Les principales voies de navigation commerciale sont situées entre l'Amérique du Nord, l'Europe et l'Extrême-Orient.

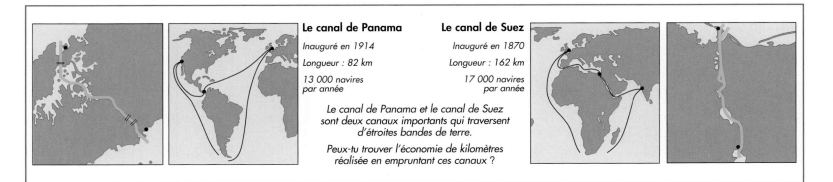

Le canal de Panama

Inauguré en 1914

Longueur : 82 km

13 000 navires
par année

Le canal de Suez

Inauguré en 1870

Longueur : 162 km

17 000 navires
par année

Le canal de Panama et le canal de Suez sont deux canaux importants qui traversent d'étroites bandes de terre.

Peux-tu trouver l'économie de kilomètres réalisée en empruntant ces canaux ?

Les voies aériennes

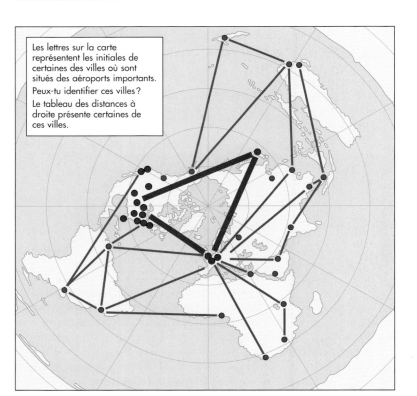

Les lettres sur la carte représentent les initiales de certaines des villes où sont situés des aéroports importants. Peux-tu identifier ces villes ?
Le tableau des distances à droite présente certaines de ces villes.

● Aéroports internationaux d'importance (plus de 20 millions de passagers par année)

● Autres aéroports importants

▬ Voies aériennes très importantes

— Autres voies aériennes importantes

Le centre de la carte illustre le pôle Nord. La carte indique la circulation aérienne entre l'Europe, l'Amérique du Nord, le Japon et l'Asie de l'Est. Tu peux remarquer les grandes distances couvertes par la voie des airs aux États-Unis et en Russie.

Distance par voie aérienne (kilomètres)

	Buenos Aires	Le Cap	Londres	Los Angeles	New York	Sydney	Tokyo
Buenos Aires		6 880	11 128	9 854	8 526	11 760	18 338
Le Cap	6 880		9 672	16 067	12 551	10 982	14 710
Londres	11 128	9 672		8 752	5 535	17 005	9 584
Los Angeles	9 854	16 067	8 752		3 968	12 052	8 806
New York	8 526	12 551	5 535	3 968		16 001	10 869
Sydney	11 760	10 982	17 005	12 052	16 001		7 809
Tokyo	18 338	14 710	9 584	8 806	10 869	7 809	

Les routes

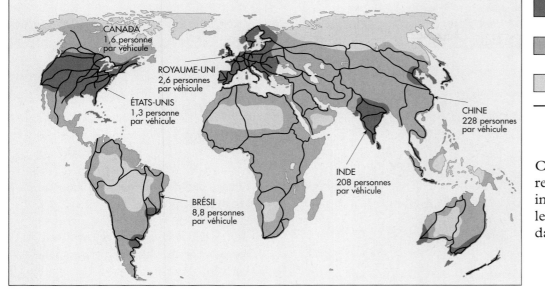

■	Plusieurs routes et autoroutes
■	Peu de routes, dont seulement quelques-unes avec un revêtement dur ; plusieurs ne sont que des pistes assurant une liaison entre différentes régions
□	Peu ou pas de routes
—	Routes importantes couvrant de grandes distances

Cette carte montre quelques routes qui relient des villes et des ports importants. Elle indique également le nombre de personnes par véhicule dans certains pays.

Les voies ferrées

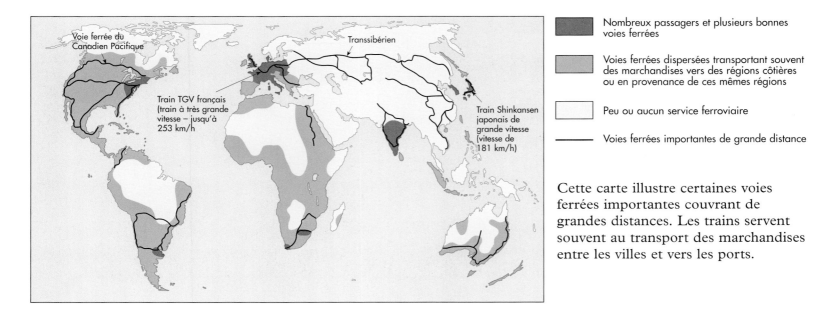

■	Nombreux passagers et plusieurs bonnes voies ferrées
■	Voies ferrées dispersées transportant souvent des marchandises vers des régions côtières ou en provenance de ces mêmes régions
□	Peu ou aucun service ferroviaire
—	Voies ferrées importantes de grande distance

Cette carte illustre certaines voies ferrées importantes couvrant de grandes distances. Les trains servent souvent au transport des marchandises entre les villes et vers les ports.

Les pipelines

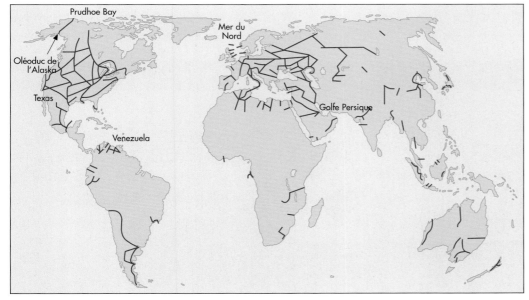

—	Oléoducs et gazoducs

Les pipelines servent au transport du pétrole et du gaz naturel. Ces derniers sont expédiés vers les endroits où ils seront utilisés ou vers les ports pour y être chargés sur des navires-citernes qui emprunteront les voies commerciales navigables. L'oléoduc de l'Alaska a été construit parce que les navires-citernes ne pouvaient se déplacer dans la glace. Les principales régions productrices de pétrole et de gaz naturel sont indiquées à la page 39.

La planète en danger

Les déserts en voie d'expansion

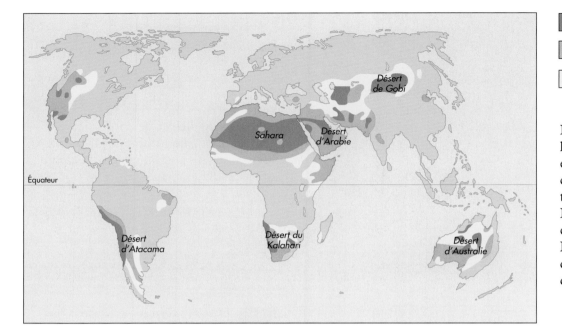

Déserts actuels

Déserts en expansion

Régions risquant de devenir des déserts

Dans certaines parties du monde, les déserts prennent de l'expansion en raison de la coupe des arbres et des nombreux animaux broutant les terres près des limites de ces déserts. De plus, les sols ne sont pas traités convenablement et s'appauvrissent. L'agriculture devient de plus en plus difficile à pratiquer et les terres deviennent désertiques.

Les forêts en danger

 Forêts tropicales existantes

Forêts tropicales détruites ou dont de grandes régions ont été dégagées durant le siècle dernier

Forêt de conifères ayant souffert de la pollution de l'air ou d'une coupe trop importante

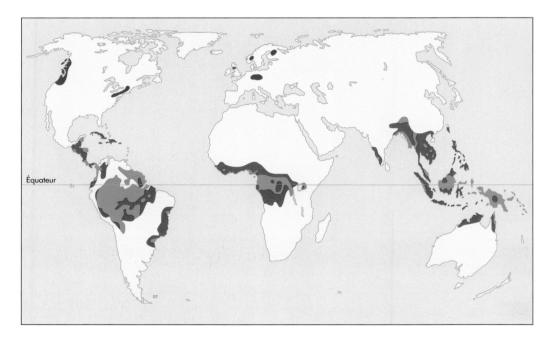

Les forêts tropicales couvrent une telle superficie terrestre qu'elles influent sur le climat du monde entier. Elles jouent un rôle important dans la production d'oxygène. Leur superficie diminue cependant car on y coupe des arbres pour en faire du bois d'œuvre et pour dégager des zones de pâturage. Les brûlis et l'exploitation minière sont également responsables de la destruction de ces forêts.

Qu'est-ce que « l'effet de serre » ?

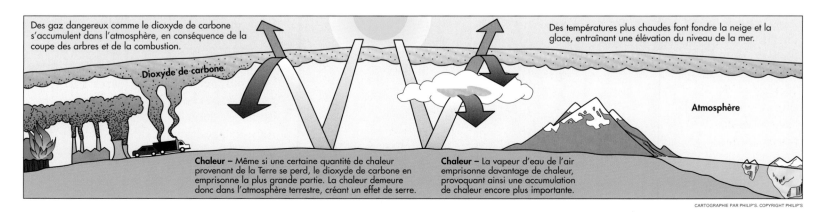

Des gaz dangereux comme le dioxyde de carbone s'accumulent dans l'atmosphère, en conséquence de la coupe des arbres et de la combustion.

Des températures plus chaudes font fondre la neige et la glace, entraînant une élévation du niveau de la mer.

Dioxyde de carbone

Atmosphère

Chaleur – Même si une certaine quantité de chaleur provenant de la Terre se perd, le dioxyde de carbone en emprisonne la plus grande partie. La chaleur demeure donc dans l'atmosphère terrestre, créant un effet de serre.

Chaleur – La vapeur d'eau de l'air emprisonne davantage de chaleur, provoquant ainsi une accumulation de chaleur encore plus importante.

Cette illustration montre de quelles façons nous polluons le sol, les cours d'eau, les mers et l'air autour de nous. La pollution de l'air rend l'atmosphère terrestre plus chaude; c'est ce que l'on appelle l'«effet de serre» (voir illustration au bas de la page précédente). Le climat de la planète change graduellement sous l'influence de l'effet de serre.

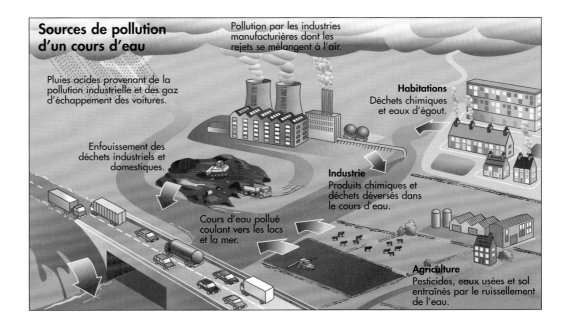

Sources de pollution d'un cours d'eau

Pluies acides provenant de la pollution industrielle et des gaz d'échappement des voitures.

Pollution par les industries manufacturières dont les rejets se mélangent à l'air.

Habitations
Déchets chimiques et eaux d'égout.

Enfouissement des déchets industriels et domestiques.

Industrie
Produits chimiques et déchets déversés dans le cours d'eau.

Cours d'eau pollué coulant vers les lacs et la mer.

Agriculture
Pesticides, eaux usées et sol entraînés par le ruissellement de l'eau.

La pollution des eaux

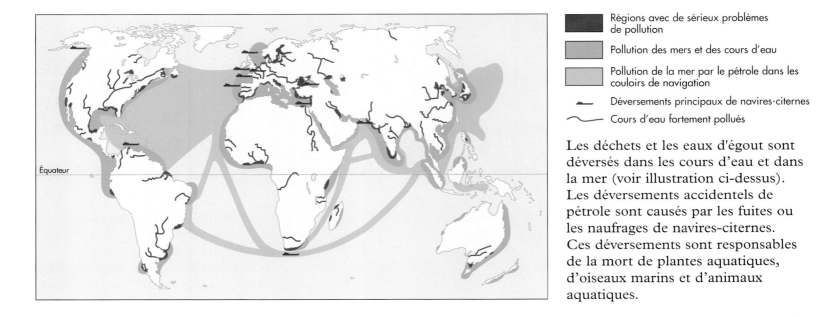

Équateur

■ Régions avec de sérieux problèmes de pollution

■ Pollution des mers et des cours d'eau

□ Pollution de la mer par le pétrole dans les couloirs de navigation

⌐ Déversements principaux de navires-citernes

⌐ Cours d'eau fortement pollués

Les déchets et les eaux d'égout sont déversés dans les cours d'eau et dans la mer (voir illustration ci-dessus). Les déversements accidentels de pétrole sont causés par les fuites ou les naufrages de navires-citernes. Ces déversements sont responsables de la mort de plantes aquatiques, d'oiseaux marins et d'animaux aquatiques.

La pollution de l'air

■ Régions où les pluies peuvent être très acides

■ Grandes villes dont l'air est souvent malsain

Les centrales électriques alimentées au charbon, au pétrole ou au gaz naturel libèrent dans l'atmosphère du soufre et de l'azote. Cette fumée s'élève et se combine à la pluie pour former des pluies acides. Les pluies acides tuent les arbres et les plantes ainsi que les poissons dans les cours d'eau.

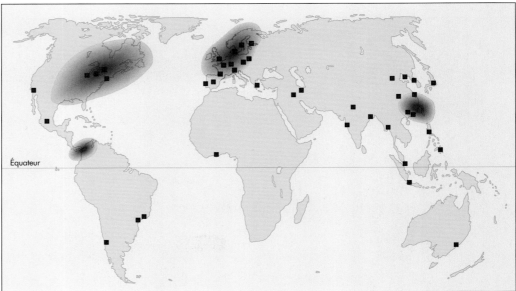

Équateur

Pays développés et pays en voie de développement

Tous les pays comptent des gens pauvres et des gens riches, mais certains comptent davantage de gens pauvres que d'autres. Les ressources alimentaires et l'espérance de vie dépendent souvent du pays où l'on vit. Le monde peut être divisé en deux parties : le Nord et le Sud. Les pays les plus riches sont situés au Nord et les pays les plus pauvres, au Sud. La carte ci-dessous illustre la ligne de démarcation (l'Australie et la Nouvelle-Zélande font partie des pays du Nord). Le tableau de droite montre des contrastes entre le Nord et le Sud. Ces différences peuvent être observées sur les cartes qui suivent.

Nord	Sud
Richesse	Pauvreté
Santé	Santé déficiente
Bas taux d'analphabétisme	Haut taux d'analphabétisme
Alimentation convenable	Alimentation insuffisante et souvent inappropriée
Familles comptant peu d'enfants	Familles comptant beaucoup d'enfants
Beaucoup d'industries	Peu d'industries
Agriculteurs en moins grand nombre	Beaucoup d'agriculteurs
Fournit de l'aide aux pays en voie de développement	Reçoit de l'aide des pays développés

Les pays du Sud comprennent les trois quarts de la population du globe, mais possèdent moins du quart des richesses mondiales.

Les revenus annuels *per capita*

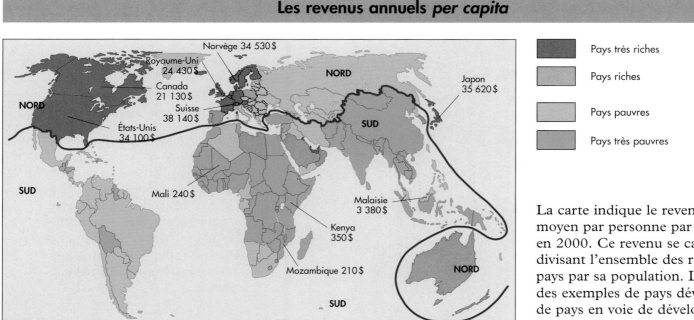

Norvège 34 530 $
Royaume-Uni 24 430 $
Canada 21 130 $
Suisse 38 140 $
États-Unis 34 100 $
Mali 240 $
Malaisie 3 380 $
Kenya 350 $
Mozambique 210 $
Japon 35 620 $
NORD
SUD

Pays très riches
Pays riches
Pays pauvres
Pays très pauvres

La carte indique le revenu annuel moyen par personne par pays en 2000. Ce revenu se calcule en divisant l'ensemble des richesses d'un pays par sa population. La carte offre des exemples de pays développés et de pays en voie de développement.

L'espérance de vie

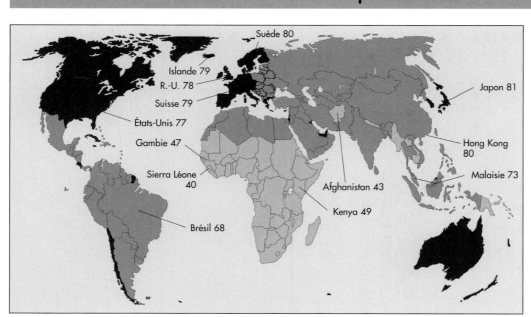

Suède 80
Islande 79
R.-U. 78
Suisse 79
États-Unis 77
Gambie 47
Sierra Léone 40
Brésil 68
Afghanistan 43
Kenya 49
Japon 81
Hong Kong 80
Malaisie 73

Plus de 75 ans
De 60 à 75 ans
Moins de 60 ans

Dans le monde, l'espérance de vie moyenne est de 66 ans, mais l'espérance de vie varie énormément selon que l'on naît dans un pays riche ou un pays pauvre. Certains chiffres reflétant ces extrêmes en l'an 2000 sont indiqués sur la carte.

Les ressources alimentaires et la famine

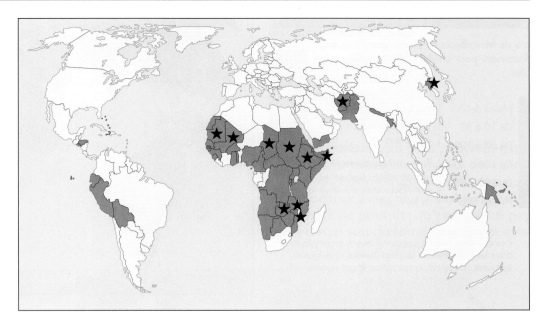

- **Ressources alimentaires insuffisantes**
- **Ressources alimentaires suffisantes**
- ★ Les famines les plus importantes depuis 1980

Lorsque les gens ne mangent pas suffisamment, leur santé décline. La carte montre les pays du monde où les populations ont suffisamment de nourriture pour vivre en bonne santé et les pays où les populations souffrent de la faim.

L'analphabétisme

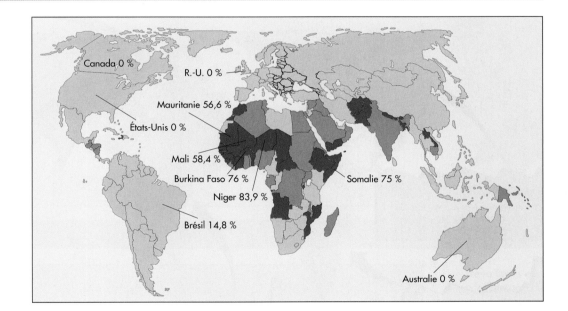

- **Plus de la moitié des adultes ne savent ni lire ni écrire**
- **Entre le quart et la moitié des adultes ne savent ni lire ni écrire**
- **Moins du quart des adultes ne savent ni lire ni écrire**

La carte indique la proportion d'adultes dans chaque pays qui ne savent ni lire ni écrire une simple phrase (en 2000). Peux-tu trouver des raisons qui expliqueraient pourquoi certains pays comptent plus de personnes analphabètes?

L'aide au développement

- **Plus de 50 $ reçus par personne par année**
- **Jusqu'à 50 $ reçus par personne par année**
- **Jusqu'à 50 $ donnés par personne par année**
- **Plus de 50 $ donnés par personne par année**
- **Pays qui ne donnent ni ne reçoivent aucune aide**

Certains pays reçoivent de l'aide des autres pays. L'aide prend souvent une forme monétaire. Cet argent est utilisé pour soulager des problèmes liés à l'alimentation, aux soins de santé et à l'instruction. La carte indique l'aide que reçoivent ou donnent différents pays.

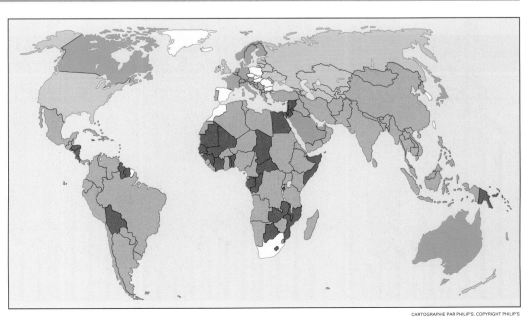

Langues parlées dans le monde

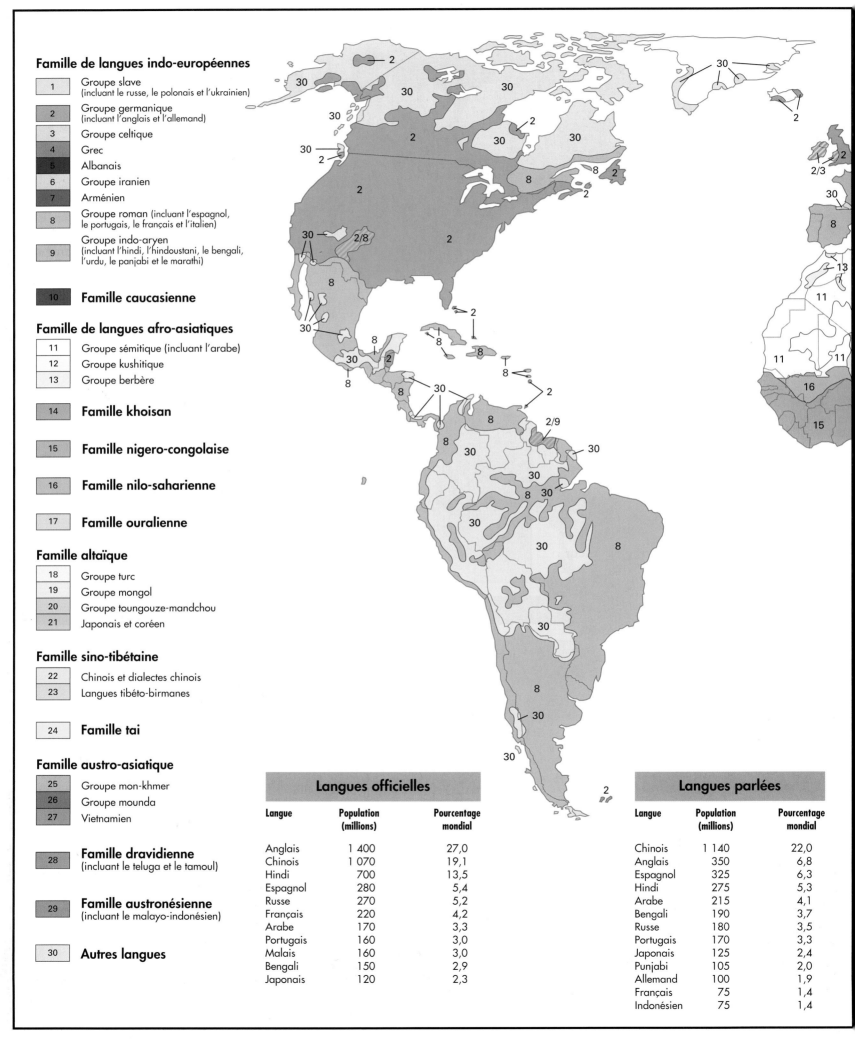

Famille de langues indo-européennes

1	Groupe slave (incluant le russe, le polonais et l'ukrainien)
2	Groupe germanique (incluant l'anglais et l'allemand)
3	Groupe celtique
4	Grec
5	Albanais
6	Groupe iranien
7	Arménien
8	Groupe roman (incluant l'espagnol, le portugais, le français et l'italien)
9	Groupe indo-aryen (incluant l'hindi, l'hindoustani, le bengali, l'urdu, le panjabi et le marathi)

| 10 | **Famille caucasienne** |

Famille de langues afro-asiatiques

11	Groupe sémitique (incluant l'arabe)
12	Groupe kushitique
13	Groupe berbère

| 14 | **Famille khoisan** |

| 15 | **Famille nigero-congolaise** |

| 16 | **Famille nilo-saharienne** |

| 17 | **Famille ouralienne** |

Famille altaïque

18	Groupe turc
19	Groupe mongol
20	Groupe toungouze-mandchou
21	Japonais et coréen

Famille sino-tibétaine

22	Chinois et dialectes chinois
23	Langues tibéto-birmanes

| 24 | **Famille tai** |

Famille austro-asiatique

25	Groupe mon-khmer
26	Groupe mounda
27	Vietnamien

| 28 | **Famille dravidienne** (incluant le teluga et le tamoul) |

| 29 | **Famille austronésienne** (incluant le malayo-indonésien) |

| 30 | **Autres langues** |

Langues officielles

Langue	Population (millions)	Pourcentage mondial
Anglais	1 400	27,0
Chinois	1 070	19,1
Hindi	700	13,5
Espagnol	280	5,4
Russe	270	5,2
Français	220	4,2
Arabe	170	3,3
Portugais	160	3,0
Malais	160	3,0
Bengali	150	2,9
Japonais	120	2,3

Langues parlées

Langue	Population (millions)	Pourcentage mondial
Chinois	1 140	22,0
Anglais	350	6,8
Espagnol	325	6,3
Hindi	275	5,3
Arabe	215	4,1
Bengali	190	3,7
Russe	180	3,5
Portugais	170	3,3
Japonais	125	2,4
Punjabi	105	2,0
Allemand	100	1,9
Français	75	1,4
Indonésien	75	1,4

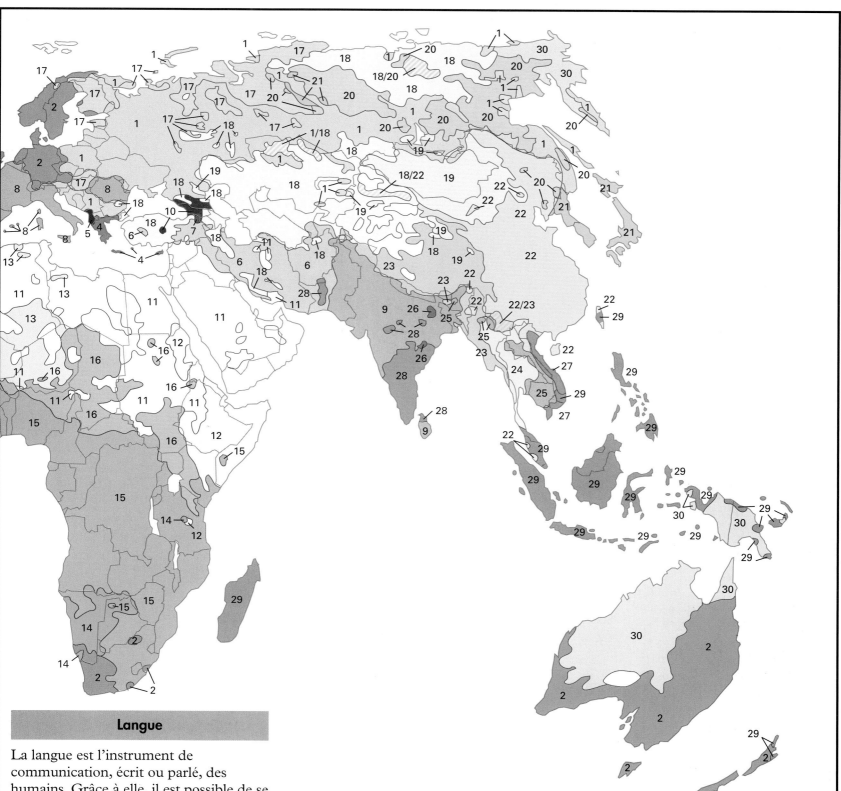

Langue

La langue est l'instrument de communication, écrit ou parlé, des humains. Grâce à elle, il est possible de se parler et d'écrire nos idées et nos pensées.

Familles de langue

Chaque famille comprend un groupe de langues semblables qui, croit-on, se seraient développées à partir de langues parentes.

Par exemple, les neuf premiers groupes de langues identifiés sur la carte font partie de la famille indo-européenne. Environ la moitié de la population mondiale parle l'une des langues de cette famille.

Le français, l'italien, l'espagnol et le portugais sont des langues romanes.

L'anglais et l'allemand sont des langues germaniques.

Le russe est une langue slave.

Le bengali et l'hindoustani sont des langues indo-aryennes.

Tous les ancêtres de ceux qui parlent ces langues ont déjà vécu dans une région qui s'étendait du nord de l'Inde à l'Europe de l'Ouest. Aujourd'hui, les locuteurs de ces langues habitent parfois d'autres régions du monde.

La famille sino-tibétaine est la deuxième plus grande famille et elle englobe le chinois et ses nombreux dialectes.

Statistiques mondiales
Agriculture

L'utilisation du sol

Les différentes façons d'utiliser le sol sont représentées par des diagrammes circulaires dont les secteurs ont des dimensions proportionnelles aux diverses utilisations. La terre arable comprend des monocultures telles que le café et le caoutchouc. D'autres utilisations incluent les régions habitées, les routes et les terres incultes comme les hautes montagnes.

Continent/région	Superficie	Terres arables et terres en culture	Pâturages permanents	Forêts et forêts-parcs (1994)	Autres utilisations du sol
Asie	3 087 109	18,0	35,4	18,0	28,6
Afrique	2 963 313	6,8	30,1	24,0	39,1
Europe	2 260 984	13,6	8,0	41,9	36,5
Amérique du Nord	2 137 027	12,5	17,2	38,6	31,7
Amérique du Sud	1 752 946	6,6	28,7	53,1	11,6
Russie	1 688 850	7,5	5,3	45,4	41,8
Océanie	849 137	6,2	49,4	23,6	20,8
Monde 1999	**13 050 516**	**11,5**	**26,5**	**32,0**	**30,0**

en hectares   *% du continent ou du territoire*

Comme la Russie fait partie de l'Asie et de l'Europe, elle est indiquée individuellement.

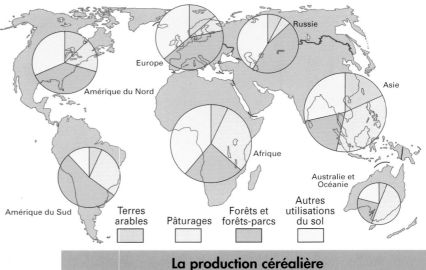

Terres arables   Pâturages   Forêts et forêts-parcs   Autres utilisations du sol

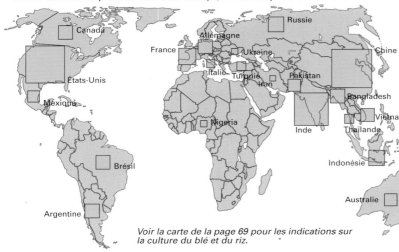

Voir la carte de la page 69 pour les indications sur la culture du blé et du riz.

La production céréalière

La carte à gauche et le tableau ci-dessous montrent la production totale, pour chaque pays, de blé, de maïs et de riz en millions de tonnes. La dimension des carreaux est proportionnelle à la production des céréales les plus importantes dans chaque pays.

Pays	en millions de tonnes	% du total mondial
Chine	408,4	19,9
États-Unis	343,9	16,8
Inde	239,8	11,7
France	66,5	3,2
Russie	64,1	3,1
Indonésie	60,2	2,9
Canada	51,3	2,5
Brésil	46,6	2,3
Allemagne	45,3	2,2
Argentine	38,1	1,9
Bangladesh	37,8	1,8

Pays	en millions de tonnes	% du total mondial
Vietnam	34,5	1,7
Australie	30,6	1,5
Pakistan	29,9	1,5
Mexique	29,5	1,4
Turquie	23,5	1,1
Thaïlande	23,4	1,1
Italie	18,8	0,9
Ukraine	14,1	0,7
Nigeria	13,5	0,7
Iran	11,2	0,5
Monde 2000	**2 049,4**	**100**

L'élevage du bétail

La carte et le tableau montrent le nombre total d'animaux d'élevage dans chaque pays. La dimension des carreaux est proportionnelle au nombre de bêtes.

Pays	En millions de bêtes	% du total mondial
Chine	693,3	20,8
Inde	295,3	8,9
Brésil	216,2	6,5
États-Unis	163,4	4,9
Australie	150,0	4,5
Soudan	85,3	2,6
Argentine	67,9	2,0
Iran	60,0	1,8
Éthiopie	57,0	1,7
Russie	57,0	1,7
Mexique	54,5	1,6

Pays	En millions de bêtes	% du total mondial
Espagne	53,9	1,6
Nouvelle-Zélande	53,7	1,6
Royaume-Uni	53,1	1,6
Pakistan	46,6	1,4
France	45,1	1,4
Afrique du Sud	44,1	1,3
Turquie	40,2	1,2
Colombie	33,4	1,0
Pologne	23,1	0,7
Kazakhstan	14,1	0,4
Monde 2001	**3 330,9**	**100,0**

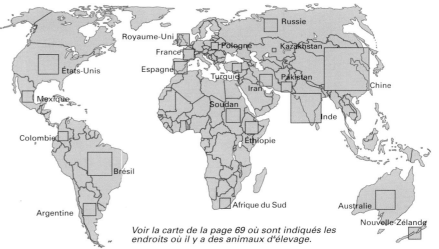

Voir la carte de la page 69 où sont indiqués les endroits où il y a des animaux d'élevage.

Les pêcheries

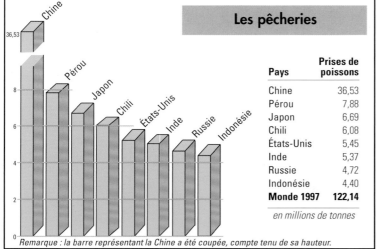

Pays	Prises de poissons
Chine	36,53
Pérou	7,88
Japon	6,69
Chili	6,08
États-Unis	5,45
Inde	5,37
Russie	4,72
Indonésie	4,40
Monde 1997	**122,14**

en millions de tonnes

Remarque : la barre représentant la Chine a été coupée, compte tenu de sa hauteur.

Le bois d'œuvre

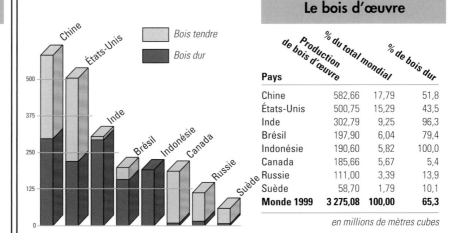

Bois tendre   Bois dur

Pays	Production de bois d'œuvre	% du total mondial	% de bois dur
Chine	582,66	17,79	51,8
États-Unis	500,75	15,29	43,5
Inde	302,79	9,25	96,3
Brésil	197,90	6,04	79,4
Indonésie	190,60	5,82	100,0
Canada	185,66	5,67	5,4
Russie	111,00	3,39	13,9
Suède	58,70	1,79	10,1
Monde 1999	**3 275,08**	**100,00**	**65,3**

en millions de mètres cubes

Les minéraux

Minerai de fer

Pays	Production (en millions de tonnes)	% du total mondial
Chine	215,0	21,3
Brésil	190,0	18,8
Australie	158,0	15,6
Russie	80,0	7,9
Inde	68,0	6,7
États-Unis	62,0	6,1
Ukraine	47,8	4,7
Canada	22,7	2,2
Afrique du Sud	18,4	1,8
Venezuela	14,1	1,4
Autres	134,0	13,3
Monde 2000	**1 010,0**	**100,0**

Minerai de cuivre

Pays	Production (en milliers de tonnes)	% du total mondial
Chili	4 603,3	34,8
États-Unis	1 480,0	11,2
Indonésie	1 005,5	7,6
Australie	829,0	6,3
Canada	634,2	4,8
Russie	505,0	3,8
Pérou	491,0	3,7
Chine	414,0	3,1
Pologne	414,0	3,1
Mexique	390,5	2,9
Autres	2 477,2	18,7
Monde 2000	**13 243,7**	**100,0**

Acier

Pays	Production (en millions de tonnes)	% du total mondial
Chine	123,0	14,8
États-Unis	106,0	12,7
Japon	104,8	12,6
Russie	57,3	6,9
Allemagne	46,4	5,2
Corée du Sud	43,4	5,2
Brésil	30,1	3,6
Ukraine	27,3	3,3
Italie	26,4	3,2
Canada	16,3	2,0
Autres	252,0	30,3
Monde 2000	**833,0**	**100,0**

Minerai d'aluminium (bauxite)

Pays	Production (en millions de tonnes)	% du total mondial
Australie	52,43	38,70
Guinée	17,20	12,70
Brésil	13,84	10,20
Jamaïque	11,13	8,20
Chine	8,80	6,50
Inde	5,80	4,28
Venezuela	5,10	3,76
Suriname	4,00	2,95
Russie	3,40	2,51
Kazakhstan	3,10	2,29
Autres	10,79	7,96
Monde 2000	**135,59**	**100,00**

Or

Pays	Production (en tonnes)	% du total mondial
Afrique du Sud	428,3	17,3
États-Unis	337,7	14,0
Australie	296,4	12,3
Chine	172,8	7,2
Canada	156,1	6,5
Russie	126,0	5,2
Pérou	84,7	3,5
Ouzbékistan	82,7	3,4
Indonésie	75,0	3,1
Brésil	65,0	2,7
Autres	579,5	24,1
Monde 2000	**2 404,2**	**100,0**

Aluminium raffiné

Pays	Production (en millions de tonnes)	% du total mondial
États-Unis	3,67	15,00
Russie	3,26	13,30
Chine	2,83	11,50
Canada	2,37	9,70
Australie	1,76	7,20
Brésil	1,20	4,89
Norvège	0,92	3,75
Afrique du Sud	0,66	2,69
Venezuela	0,64	2,61
Allemagne	0,58	2,36
Autres	6,65	27,10
Monde 2000	**24,54**	**100,00**

Les sources d'énergie

Charbon

Pays	Production (en millions de tonnes)	% du total mondial
Chine	1 032,2	23,4
États-Unis	981,6	22,4
Inde	333,5	7,6
Australie	303,0	6,9
Russie	256,0	5,8
Afrique du Sud	224,5	5,1
Allemagne	205,4	4,7
Pologne	165,2	3,8
Ukraine	81,7	1,9
Turquie	70,7	1,6
Autres	723,1	16,8
Monde 2000	**4 376,9**	**100,0**

Pétrole brut

Pays	Production (en millions de tonnes)	% du total mondial
Arabie Saoudite	448,2	12,5
États-Unis	352,6	9,9
Russie	323,3	9,0
Venezuela	181,4	5,1
Iran	176,6	4,9
Mexique	169,2	4,7
Chine	162,2	4,5
Norvège	157,5	4,4
Irak	128,0	3,6
Royaume-Uni	126,6	3,5
Autres	1 352,2	37,9
Monde 2000	**3 577,8**	**100,0**

Gaz naturel

Pays	Production (en milliards de mètres^3)	% du total mondial
Russie	584,2	23,3
États-Unis	544,0	21,7
Canada	178,7	7,1
Royaume-Uni	115,2	4,6
Algérie	85,5	3,4
Pays-Bas	72,7	2,9
Indonésie	63,5	2,5
Iran	60,2	2,4
Norvège	52,4	2,1
Arabie Saoudite	47,0	1,9
Autres	700	28,1
Monde 2000	**2 503,4**	**100,0**

Hydroélectricité

Pays	Production (en milliards de kilowatt-heures)	% du total mondial
Canada	356,4	13,1
Brésil	297,0	10,9
États-Unis	278,0	10,2
Chine	235,5	8,7
Russie	164,2	6,0
Norvège	142,5	5,3
Japon	93,8	3,5
Inde	88,9	3,3
Suède	75,8	2,8
France	72,1	2,7
Autres	909,8	33,5
Monde 2000	**2 714,0**	**100,0**

Production énergétique et provenance

Équivalente à des millions de tonnes de pétrole	Production 2000	% du total mondial	Solides	Gaz	Liquides	Hydraulique et traditionnel
Monde	**8 588,1**	**100,0**	**24,9**	**23,4**	**40,6**	**11,1**
Europe	2 662,4	31,0	19,1	32,2	34,2	14,5
Amérique du Nord	2 430,6	28,3	23,8	24,1	40,0	12,1
Asie	2 099,0	24,4	37,9	15,0	42,4	4,6
Océanie	632,2	7,4	21,4	13,9	48,4	16,2
Amérique du Sud	509,0	5,9	5,7	23,0	59,3	11,9
Afrique	254,9	3,0	36,7	17,7	41,3	4,2

Production d'électricité

	Production 2000	% du total mondial	% de l'électricité totale produite par : énergie thermique	énergie hydraulique	énergie nucléaire
États-Unis	3 982,6	26,0	73,0	7,0	20,1
Chine	1 357,6	8,9	81,9	17,3	0,8
Japon	1 063,5	6,9	60,2	8,8	31,0
Russie	872,3	5,7	66,2	18,8	15,0
Canada	600,1	3,9	28,5	59,4	12,1
Inde	560,4	3,6	82,2	15,9	1,9
Allemagne	556,7	3,6	66,1	3,5	30,4
France	540,2	3,5	10,2	13,0	76,9
Royaume-Uni	365,7	2,4	75,4	1,1	23,5
Brésil	346,3	2,2	14,5	85,8	0,0
Monde	**15 333,9**	**100,0**	**66,6**	**16,5**	**16,9**

en milliards de kilowatt-heures

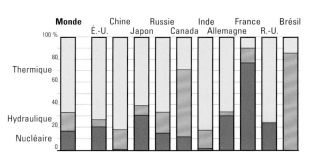

85

Statistiques mondiales
Population

Population urbaine et rurale

Les barres et les données montrent la répartition de la population mondiale en population urbaine (habite les villes) et rurale (habite la campagne).
Le diagramme illustre les données de 1975 et 2001, ainsi que les prévisions pour 2025. L'Europe englobe la Russie.

Continent	Pourcentage de la population urbaine		
	1975	2001	2025
Afrique	25,0	37,7	51,8
Asie	25,0	38,0	50,6
Europe	67,0	73,5	81,3
Amérique latine	61,0	67,4	82,2
Amérique du Nord	74,0	77,6	83,3
Amérique du Sud	—	80,1	86,3
Australie et Océanie	72,0	74,3	73,3
Monde	**38,0**	**47,6**	**58,0**

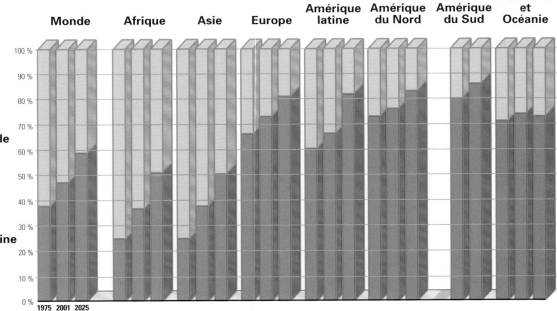

Groupes d'âge

Les diagrammes circulaires sur cette carte représentent la population des continents. La superficie des diagrammes est proportionnelle à la population totale des continents. Les secteurs illustrent la proportion des groupes d'âge.

- Plus de 65 ans
- Entre 15 et 65 ans
- Moins de 15 ans

Continent	moins de 15 ans	de 15 à 65 ans	plus de 65 ans
Afrique	42,5	54,3	3,2
Asie	29,9	64,2	5,9
Europe	17,4	67,8	14,7
Amérique latine	31,6	63,1	5,4
Amérique du Nord	21,3	66,1	12,6
Australie et Océanie	25,3	64,8	9,9
Monde 2002	**29,9**	**63,9**	**6,2**

Immigration canadienne

En 1996, la population totale du Canada atteignait 29 784 000 personnes, dont 4 971 000 étaient nées à l'extérieur du pays (17 % de la population). Les données indiquent l'origine des immigrants. La dimension des diagrammes circulaires est proportionnelle au nombre d'émigrants de la région.

Lieu de naissance	Nombre	% du nombre d'immigrants
Total	**4 971 000**	**100**
Europe	**2 332 000**	**47**
Europe du Sud	714 000	14
Royaume-Uni	656 000	13
Europe du Nord et de l'Ouest	514 000	10
Europe de l'Est	448 000	9
Asie	**1 563 000**	**31**
Asie de l'Est	589 000	12
Asie du Sud-Est	409 000	8
Asie du Sud	354 000	7
Asie du Sud-Ouest	211 000	4
Amériques	**798 000**	**16**
Antilles	279 000	6
Amérique centrale et du Sud	274 000	6
États-Unis	245 000	5
Afrique	**229 000**	**5**
Australie et Océanie	**49 000**	**1**

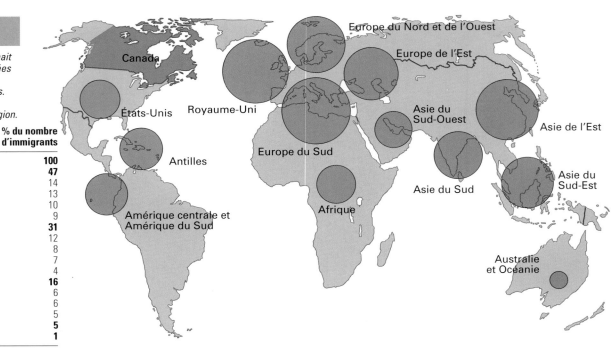

Statistiques mondiales
Qualité de vie

Nombre de médecins par 1 000 habitants

Pays	Nombre de médecins	Pays	Nombre de médecins
Monaco	6,64	Égypte	2,02
Italie	5,54	Japon	1,93
Espagne	4,24	Chine	1,62
Russie	4,21	Brésil	1,27
Norvège	4,13	Turquie	1,21
Uruguay	3,70	Chili	1,10
Allemagne	3,50	Inde	0,48
France	3,03	Congo	0,25
Ukraine	2,99	Indonésie	0,16
États-Unis	2,79	Afghanistan	0,11
Argentine	2,68	Haïti	0,08
Australie	2,40	Népal	0,04
Canada	2,29	Liberia	0,02

Données pour 2002
Voir la carte de la page 78 pour l'espérance de vie.

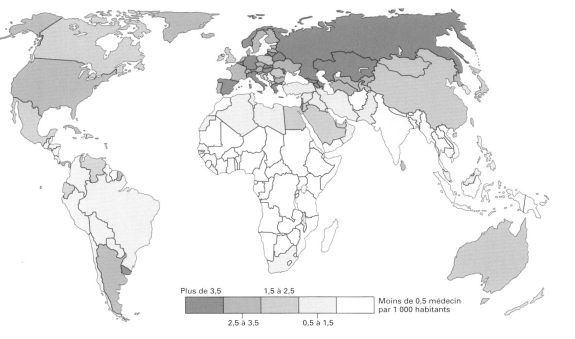

Plus de 3,5 — 1,5 à 2,5 — Moins de 0,5 médecin par 1 000 habitants
2,5 à 3,5 — 0,5 à 1,5

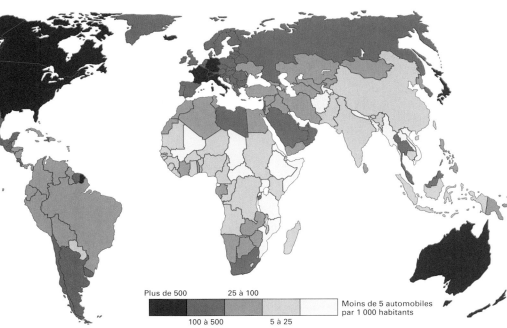

Plus de 500 — 25 à 100 — Moins de 5 automobiles par 1 000 habitants
100 à 500 — 5 à 25

Nombre d'automobiles par 1 000 habitants

Au Canada, il y a 568,25 automobiles par 1 000 habitants, soit un peu moins de 2 personnes par automobile. Au Mozambique, il y a 0,76 automobile par 1 000 habitants; c'est donc dire qu'il y a plus de 1 000 personnes pour chaque véhicule !
(Les camions ne sont pas compris dans ces statistiques.)

Pays	Nombre d'automobiles	Pays	Nombre d'automobiles
États-Unis	764,96	Brésil	78,89
Australie	601,14	Turquie	70,34
Canada	568,25	Cuba	44,54
Japon	547,11	Pérou	38,27
Allemagne	529,24	Égypte	30,15
France	526,63	Paraguay	24,42
Norvège	468,69	Indonésie	22,52
Royaume-Uni	397,81	Chine	8,23
Portugal	358,76	Haïti	7,22
Argentine	172,37	Afghanistan	2,43
Russie	139,68	Bangladesh	0,98
Mexique	138,47	Mozambique	0,76
Costa Rica	121,14	Rép. centrafricaine	0,37

Données pour 2002

Nombre de téléphones par 1 000 habitants

Pays	Nombre de téléphones	Pays	Nombre de téléphones
Monaco	881,40	Chine	111,80
Suisse	745,60	Équateur	100,00
États-Unis	699,70	Égypte	86,40
Canada	676,50	Algérie	57,00
Japon	585,80	Philippines	40,00
France	577,10	Vietnam	31,90
Australie	524,60	Pakistan	21,60
Italie	473,90	Kenya	10,50
Rép. tchèque	376,10	Haïti	8,90
Turquie	281,70	Bangladesh	3,60
Argentine	213,20	Liberia	2,10
Malaisie	199,20	Afghanistan	1,30
Mexique	124,70	Tchad	1,30

Données pour 2002

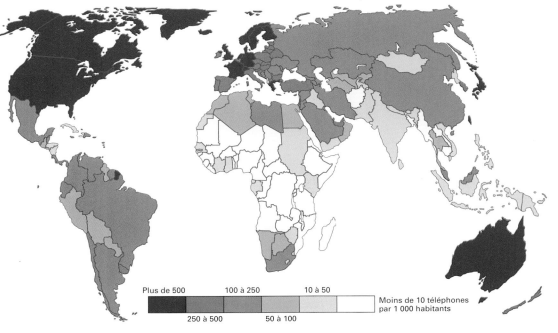

Plus de 500 — 100 à 250 — 10 à 50 — Moins de 10 téléphones par 1 000 habitants
250 à 500 — 50 à 100

Statistiques mondiales
Commerce

Le commerce extérieur du Canada

La carte ci-dessous montre des diagrammes circulaires proportionnels à la valeur des échanges commerciaux entre le Canada et le pays identifié. Le commerce comprend le total des exportations et des importations. Les données sont indiquées dans le tableau à droite et la valeur est exprimée en millions de dollars canadiens. Les pays énumérés sont listés selon la valeur des échanges commerciaux avec le Canada.

Pays	Valeur totale	En %	Pays	Valeur totale	En %	Pays	Valeur totale	En %	Pays	Valeur totale	En %
États-Unis	311 919,6	74,17	Italie	3 231,2	0,77	Venezuela	1 228,3	0,29	Arabie Saoudite	759,0	0,18
Japon	15 127,1	3,60	Malaisie	1 851,6	0,44	Suisse	1 172,5	0,28	Danemark	696,3	0,17
Royaume-Uni	11 260,1	2,68	Australie	1 562,3	0,37	Philippines	1 114,0	0,26	Autriche	642,1	0,15
Chine	9 221,0	2,19	Hong Kong (Chine)	1 550,6	0,37	Singapour	1 102,8	0,26	Chili	569,3	0,14
Mexique	9 036,7	2,15	Belgique	1 535,8	0,37	Algérie	1 055,4	0,25	Israël	537,0	0,13
Allemagne	6 597,0	1,57	Pays-Bas	1 482,7	0,35	Inde	1 045,4	0,25	Cuba	419,0	0,10
Corée du Sud	4 453,1	1,06	Brésil	1 477,8	0,35	Espagne	909,3	0,22	Iran	370,2	0,09
France	3 635,3	0,86	Suède	1 348,5	0,32	Indonésie	909,0	0,22	Colombie	357,4	0,08
Norvège	3 272,1	0,78	Thaïlande	1 286,8	0,31	Irlande	777,3	0,18	**Total 2000**	420 657,9	100,00

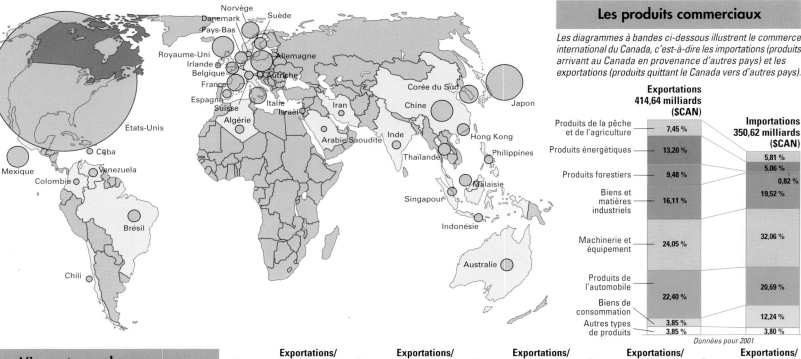

Les produits commerciaux

Les diagrammes à bandes ci-dessous illustrent le commerce international du Canada, c'est-à-dire les importations (produits arrivant au Canada en provenance d'autres pays) et les exportations (produits quittant le Canada vers d'autres pays).

Exportations 414,64 milliards ($CAN)

Importations 350,62 milliards ($CAN)

	Exportations	Importations
Produits de la pêche et de l'agriculture	7,45 %	5,81 %
Produits énergétiques	13,20 %	5,06 %
Produits forestiers	9,48 %	0,82 %
Biens et matières industriels	16,11 %	19,52 %
Machinerie et équipement	24,05 %	32,06 %
Produits de l'automobile	22,40 %	20,69 %
Biens de consommation		12,24 %
Autres types de produits	3,85 % / 3,85 %	3,80 %

Données pour 2001

L'importance du commerce

Le tableau de droite présente la valeur des exportations en milliards de dollars US. La couleur des pays de la carte ci-dessous indique l'importance de leurs exportations. La valeur des exportations est indiquée en pourcentage de leur Produit Intérieur Brut (PIB), en 1999.

Pays	Exportations/richesses	Pays	Exportations/richesses	Pays	Exportations/richesses	Pays	Exportations/richesses	Pays	Exportations/richesses
Singapour	135,0	Botswana	44,1	Israël	25,6	Italie	19,7	Pérou	11,8
Hong Kong (Chine)	109,4	Costa Rica	43,4	Honduras	23,2	Royaume-Uni	18,6	Burkina Faso	9,6
Malaisie	106,8	Canada	37,6	Chili	23,1	Russie	18,6	Japon	9,6
Irlande	75,5	Corée du Sud	35,6	Nouvelle-Zélande	22,8	Espagne	18,5	Argentine	8,2
Belgique	70,9	Suède	35,5	Biélorussie	22,1	Syrie	17,9	Inde	8,1
Guinée-Équatoriale	58,5	Indonésie	34,1	Maroc	21,0	Kenya	16,5	États-Unis	7,7
Hongrie	51,5	Autriche	30,8	Portugal	21,0	Pakistan	14,4	Brésil	6,4
Pays-Bas	50,9	Suisse	29,4	France	21,0	Turquie	14,3	Égypte	4,0
Rép. tchèque	49,4	Mexique	28,3	Venezuela	19,8	Australie	13,9	Gambie	1,8
Philippines	47,8	Allemagne	25,6	Chine	19,7	Bolivie	12,4	Sierra Leone	0,9

Les exportations mondiales

Le diagramme circulaire et les données indiquent le type de produits qui composent les exportations totales de tous les pays du monde.

- Autres produits 3,0 %
- Aliments 7,2 %
- Autres produits agricoles 1,8 %
- Minéraux 1,0 %
- Combustibles 10,2 %
- Métaux non ferreux 1,9 %
- Fer et acier 2,3 %
- Produits chimiques 9,3 %
- Produits semi-manufacturés 7,3 %
- Camions et automobiles 9,2 %
- Produits télécommunications 15,2 %
- Autres équipements de transport 17,1 %
- Textiles 2,5 %
- Vêtements 3,2 %
- Autres biens de consommation 8,8 %

- Produits agricoles **9,0 %**
- Produits manufacturés **74,9 %**
- Produits miniers **13,1 %**
- Autres produits **3,0 %**

Valeur totale (en 2000) : 6 186 milliards de dollars US

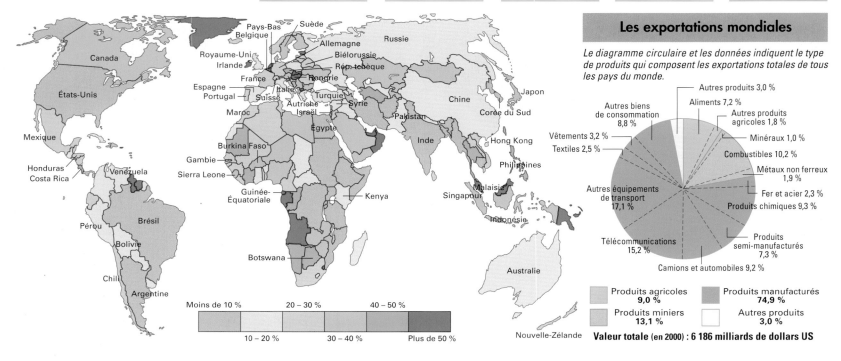

Moins de 10 % 10 – 20 % 20 – 30 % 30 – 40 % 40 – 50 % Plus de 50 %

Statistiques mondiales
L'environnement

Les zones protégées

Les données ci-dessous concernent certains pays dont de grandes régions sont des zones protégées. La carte présente des pays qui comptent plus de 100 000 kilomètres carrés de zones protégées ; le Canada protège 800 000 kilomètres carrés ou 9 % de sa superficie. La carte indique également le pourcentage de la superficie totale d'un pays protégé des activités humaines, et où seuls peuvent vivre les plantes et les animaux.

Pays	% de la superficie du pays protégée	Pays	% de la superficie du pays protégée
Venezuela	61,44	Chili	18,68
Équateur	54,84	Botswana	18,05
Danemark	32,01	Cambodge	18,05
Autriche	29,23	Suisse	18,04
Allemagne	26,94	Rép. tchèque	16,20
Nouvelle-Zélande	23,41	Tanzanie	16,00
Rép. dominicaine	22,00	Israël	15,46
Rép. slovaque	21,64	Rwanda	15,05
États-Unis	21,24	Thaïlande	13,79
Royaume-Uni	20,59	Canada	9,56
Panama	20,49	Tunisie	0,27

Données pour 1997

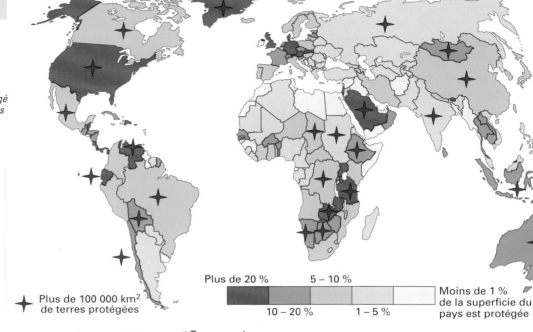

✦ Plus de 100 000 km² de terres protégées

Plus de 20 % 5 – 10 % 10 – 20 % 1 – 5 % Moins de 1 % de la superficie du pays est protégée

100 % 50 – 75 % 75 – 100 % Moins de 50 % de la population boit de l'eau potable

L'eau potable

La plupart des pays industrialisés jouissent d'une eau potable, tant dans les régions rurales que dans les régions urbaines. Le tableau fournit des données sur certains pays dont l'eau est contaminée, ce qui est une cause importante de problèmes de santé graves chez les populations. La carte et le tableau indiquent le pourcentage de la population qui profite – ou non – d'une eau saine et propre à la consommation.

Pays	% de la population jouissant d'une eau saine	Pays	% de la population jouissant d'une eau saine
Canada	100	Haïti	46
Russie	99	Papouasie-Nouvelle-Guinée	42
Mexique	88	Angola	38
Maroc	80	Tanzanie	38
Vietnam	77	Somalie	37
Rép. centrafricaine	70	Cambodge	30
Mali	65	Swaziland	30
Bhoutan	62	Éthiopie	24
Ouganda	52	Tchad	24
Congo	51	Afghanistan	13
Madagascar	47		

Données pour 2000

Le dioxyde de carbone

De grandes quantités de dioxyde de carbone sont produites lorsque le charbon, le pétrole et le gaz naturel sont brûlés pour produire de l'électricité. Le dioxyde de carbone (un des gaz à « effet de serre ») fait partie des gaz responsables des changements climatiques dans le monde. Les données du tableau nous renseignent sur les plus grands producteurs de ce gaz.

Pays	Tonnes par année par personne	Pays	Tonnes par année par personne
Émirats arabes unis	37,993	Belgique	13,210
Koweït	31,844	Corée du Nord	12,093
Singapour	25,826	Allemagne	11,991
États-Unis	22,110	Irlande	11,475
Australie	19,216	Biélorussie	11,036
Trinidad	18,965	Norvège	10,390
Canada	18,887	Royaume-Uni	10,210
Estonie	15,784	Grèce	10,033
Arabie Saoudite	15,060	Kazakhstan	8,258
Rép. tchèque	14,677	Turkménistan	8,014
Danemark	13,498	Ukraine	6,972

Données pour 1997

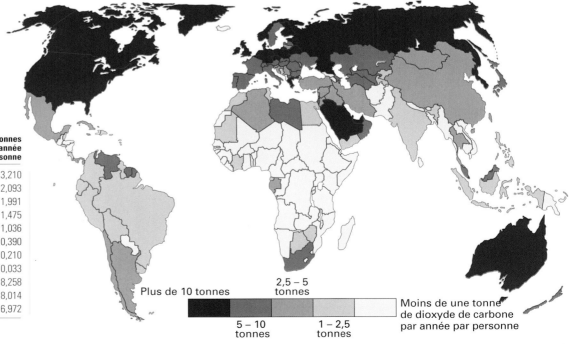

Plus de 10 tonnes 5 – 10 tonnes 2,5 – 5 tonnes 1 – 2,5 tonnes Moins de une tonne de dioxyde de carbone par année par personne

Glossaire

Agriculture : gestion du sol dans le but d'y pratiquer la culture de végétaux et l'élevage de bestiaux.

Aide internationale : ressources données par les pays les plus riches aux pays les plus pauvres à des fins de développement et d'assistance à la population.

Altération climatique : érosion des roches provoquée par les agents atmosphériques.

Atmosphère : couche d'air entourant la Terre et permettant la vie.

Banlieue : ensemble des localités qui environnent un centre urbain.

Base de l'alimentation : nourriture de base d'une région.

Bidonville : groupe d'habitations de piètre qualité dans une ville ou un secteur d'une ville.

Calotte glaciaire : grande superficie de neige et de glace recouvrant une masse continentale ; l'Antarctique, par exemple.

Ceinture verte : parcs, terres agricoles ou terrains vagues qui ceinturent une communauté.

Climat : conditions atmosphériques qui caractérisent une région donnée sur une longue période de temps.

Confluence : rencontre de deux cours d'eau ou plus pour former un cours d'eau plus important.

Conservation : processus par lequel les populations font une utilisation prudente et réfléchie des ressources de la Terre.

Continent : une des sept masses continentales de la Terre.

Contour : lignes qui, sur les cartes, réunissent tous les points de même altitude.

Couche d'ozone : couche du gaz ozone haut dans l'atmosphère qui bloque les rayons nocifs du Soleil.

Coupe transversale : vue de côté de la structure interne d'un territoire.

Déboisement : destruction ou diminution des espaces boisés pour l'agriculture ou la construction de routes, par exemple.

Delta : dépôt d'alluvions émergeant à l'embouchure d'un fleuve et formant de larges bancs de vase ou de sable.

Démographie : science statistique de la population.

Dépôt : concentration de matériaux érodés et transportés par les cours d'eau, la glace ou les vents.

Dérive continentale : mouvement relatif des continents à la surface terrestre causé par le déplacement des plaques tectoniques.

Désert : région au climat très sec avec peu ou pas de végétation.

Désertification : transformation en désert de terres autrefois fertiles.

Échelle : mesure utilisée sur une carte géographique pour évaluer les distances à la surface de la Terre.

Écosystème : relation entre les plantes, les animaux et l'environnement dans lequel ils vivent.

El Niño : courant chaud du Pacifique qui, périodiquement, remplace des courants froids, occasionnant des conditions atmosphériques inhabituelles sur une grande superficie.

Émigrant : personne qui quitte un pays pour s'établir dans un autre.

Énergie nucléaire : moyen de créer de l'électricité à l'aide de combustible nucléaire.

Énergie solaire : énergie provenant des rayons solaires.

Énergie hydroélectrique : énergie électrique qui provient de la transformation de l'énergie hydraulique à partir d'un cours d'eau naturel ou artificiel.

Environnement : milieu dans lequel vit chaque personne, animal ou plante.

Érosion : usure graduelle de la surface terrestre principalement par l'eau (cours d'eau, glace et mer) et par le vent.

Estuaire : embouchure plus ou moins évasée d'un cours d'eau qui se jette dans la mer ou l'océan.

Exportations : biens produits dans un pays et destinés à un autre pour y être utilisés ou revendus.

Famine : pénurie d'aliments telle que toute une population souffre de la faim.

Foresterie : plantation, culture et exploitation des régions boisées pour la production de bois d'œuvre destiné à la vente.

Forêt pluviale : forêt dense des régions tropicales qui reçoit de fortes précipitations tout au long de l'année.

Géographie : étude de la Terre et des interactions entre les humains et celle-ci.

Géothermie : forme d'énergie utilisant la chaleur des profondeurs de la Terre.

Glacier : accumulation de glace qui descend lentement dans une vallée.

Heure avancée : avancée des horloges d'une heure pour réaliser des économies d'énergie.

Immigrant : personne qui arrive dans un nouveau pays avec l'intention de s'y établir.

Importations : biens introduits dans un pays et vendus à sa population.

Industrie manufacturière : industrie qui utilise des matières premières et de la machinerie pour la fabrication de produits finis.

Industrie primaire : activités économiques fournissant des biens qui n'ont pas été transformés, telle l'exploitation minière.

Industrie secondaire : activités dévolues à la production de biens de consommation à partir de produits manufacturés de base.

Industrie tertiaire : industrie qui offre des services tels que les opérations bancaires, l'enseignement ou les services gouvernementaux.

Irrigation : procédé artificiel qui permet de fournir en eau une région où il y insuffisance pour les récoltes.

Isthme : étroite bande de terre, entre deux masses d'eau, qui relie deux territoires ou régions.

Lave : roche fondue qui atteint la surface terrestre après avoir été entraînée vers le haut par l'activité volcanique.

Limite des arbres ou limite forestière : limite sur une montagne au-delà de laquelle les arbres ne peuvent croître à cause des conditions climatiques très froides.

Méandre : sinuosité d'un cours d'eau due à l'érosion du côté où le courant est le plus fort.

Migration : mouvement de population d'un endroit à un autre, à la recherche de conditions de vie plus favorables.

Milieu urbain : ville où de nombreuses personnes habitent près les unes des autres.

Moraine : accumulation de sédiments tels des rochers, des pierres ou d'autres débris transportés et déposés par un glacier.

Mousson : vent saisonnier d'Asie responsable de la pluie en été et de la sécheresse en hiver.

Ouragan : puissante tempête tropicale pouvant causer d'importants dommages.

Parc national : zone naturelle terrestre réservée et destinée à la protection de la faune et à la préservation de beautés naturelles, et dont l'exploitation est gérée par des agences gouvernementales.

Pâturage : région d'herbages propice au broutage par les animaux.

Pays développé : pays industrialisé où une majorité de la population vit dans les villes et jouit d'un niveau de vie élevé.

Pays en voie de développement : pays pauvre où l'agriculture demeure l'activité principale, mais où la population commence à jouir d'un meilleur niveau de vie.

Pays peu développé : pays pauvre avec peu d'industries.

Péninsule : avancée d'une masse continentale dans la mer.

Pergélisol : sous-sol gelé en permanence dans les régions polaires, et localement dans les régions extrêmement froides.

Plateau : région élevée de faible relief ; peut être traversé par de profondes vallées fluviales.

Pollution : dégradation de l'environnement naturel par des activités humaines.

Précipitation : toute forme de condensation dans l'atmosphère comme la pluie, la grêle ou la neige.

Produit intérieur brut (PIB) : valeur de tous les biens et services produits à l'intérieur d'un pays au cours d'une année.

Projection cartographique : représentation de la surface approximativement sphérique de la Terre sur un support comme une feuille de papier.

Recensement : collecte de données ayant comme objectif de connaître certaines caractéristiques de l'ensemble des membres d'une population et de la dénombrer.

Réchauffement de la planète : lente augmentation des températures terrestres qui peut être causée par des activités humaines comme la combustion du charbon.

Reforestation : reconstitution ou restauration forestière d'une région autrefois plantée d'arbres.

Réfugié : personne qui fuit son pays d'origine à cause de guerres, de persécutions ou de pauvreté.

Relief : forme naturelle de la Terre, telles une colline ou une vallée.

Ressources : caractéristiques précieuses de l'environnement : elles peuvent être renouvelables comme les chutes de pluie ou l'énergie solaire, ou non renouvelables comme le charbon.

Savane : région herbeuse située entre des forêts tropicales ou entre d'importantes régions désertiques.

Sédiment : parcelles de roches érodées transportées par les cours d'eau, la glace ou le vent.

Sismographe : instrument qui mesure l'amplitude et l'étendue d'un tremblement de terre.

Sous-peuplée : caractéristique d'une région où il y a trop peu d'habitants pour développer les ressources potentielles.

Steppe : prairie tempérée, le plus souvent plate et dégagée.

Surpopulation : caractéristique d'une région ou d'un pays où les ressources disponibles sont insuffisantes pour le nombre d'habitants.

Tempérée : région située à latitude moyenne et qui profite d'un climat modéré.

Terrasse d'inondation : basse terre le long d'un cours d'eau formée par des dépôts qui s'y sont déposés au cours des inondations.

Topographie : caractéristiques, naturelles ou artificielles, d'un relief.

Tornade : tempête courte mais très violente caractérisée par un vent en entonnoir qui balaie les masses continentales.

Transpiration : processus par lequel les plantes perdent de la vapeur d'eau.

Tremblement de terre : secousse ou succession de secousses plus ou moins violentes du sol.

Tributaire : ruisseau ou rivière qui coulent vers un cours d'eau plus important.

Tropicale : région de la Terre très chaude et souvent humide, comprise entre le Tropique du Cancer et le Tropique du Capricorne.

Tsunami : vague violente et destructrice causée par un tremblement de terre ou une éruption volcanique se produisant sous l'eau.

Urbanisation : croissance et expansion des milieux urbains.

Utilisation du sol : utilisation du sol par des activités humaines comme l'agriculture, l'industrie ou la foresterie.

Vallée : longue dépression plus basse que la terre environnante.

Végétation : vie végétale d'une région particulière.

Volcan : ouverture dans la croûte terrestre par laquelle la lave et la vapeur peuvent s'échapper, parfois de façon périodique.

INDEX DES CARTES

Les noms propres dans cet index sont présentés dans l'ordre alphabétique. Les noms des pays et des continents apparaissent en majuscules pour en faciliter le repérage. Les chiffres en caractères gras indiquent le numéro de la page et les repères alphanumériques qui suivent permettent de localiser un endroit sur la carte à l'aide du quadrillage.

À l'exception des continents, des pays et des villes, chacun des noms est suivi d'une description. Ex. : Achill, Île, **36** C6; Aden, Golfe d', **44** C5.